Tascabili Economici Newton

100 pagine 1000 lire

241

In copertina: Elisabeth Chaplin, *Mirella Levi D'Ancona*, 1924

Titoli originali: *Kinderseele, Heumond*,
traduzioni di Francesca Ricci;
Das erste Abenteuer, Der Lateinschüler,
traduzioni di Mirella Ulivieri

Prima edizione: giugno 1995
Tascabili Economici Newton
Divisione della Newton Compton editori s.r.l.

Roma, Casella postale 6214

ISBN 88-8183-088-4

Stampato su carta Libra Classic della Cartiera di Kajaani
distribuita dalla Fennocarta s.r.l., Milano
Copertina stampata su cartoncino Fine Art Board della Cartiera di Aanekoski

Hermann Hesse

Animo infantile
e
altri racconti

Edizioni integrali

Tascabili Economici Newton

Nota biobibliografica

LA VITA

1877. Il 2 luglio a Calw sulla Nagold, nel Württemberg, nasce Hermann Hesse da Johannes, cittadino russo nato in Estonia, e da Maria Gundert, vedova Isenberg, nata in India da padre tedesco e madre svizzero-francese. La vita di Hesse sarà fortemente influenzata dalla formazione pietistico-internazionale ricevuta nell'ambito familiare. Entrambi i genitori erano stati missionari in India. Il padre, interrotta la predicazione nel 1873 per motivi di salute, era stato trasferito nella casa editrice delle missioni di Calw, come collaboratore del presidente Hermann Gundert, suo futuro suocero. Discendente da una delle famiglie più famose nella storia della chiesa del Württemberg, anche questi era stato missionario in India (dove erano nati i suoi figli, tra cui Maria, la maggiore), fino al 1859; poliglotta, conosceva vari dialetti indiani e oltre al lavoro pubblicistico-religioso e di predicazione aveva scritto una grammatica e un dizionario e tradotto il Nuovo Testamento in malajala. La notevole cultura letterario-linguistico-filosofica del nonno e l'accesso alla sua ricca biblioteca saranno essenziali per la formazione extrascolastica di Hesse soprattutto nel periodo della crisi giovanile. Con i genitori Hermann ha un rapporto di «tenero amore», reso però problematico dalla severità pietistica dell'educazione impartitagli: nel suo *Schizzo autobiografico* Hesse ricorda la sua reazione negativa a qualsiasi «dovere» impostogli, a qualsiasi «comandamento», a prescindere dalla sua giustezza o dalla nobiltà delle intenzioni degli educatori.

1881. Johannes Hesse viene chiamato a Basilea come redattore della rivista delle missioni. La famiglia va ad abitare in una zona un po' fuori città, dove Hermann avrà quel felice contatto con la natura poi ricordato nel primo capitolo di *Hermann Lauscher* e nel racconto *Der Bettler* (*Il mendicante*).

1881-1886. Frequenta l'asilo e le elementari a Basilea, dove affiorano le prime difficoltà di autodisciplina e di adattamento all'ambiente scolastico. I primi tentativi poetici, a sette anni, sono accolti con diffidenza dal nonno come «innaturalmente precoci».

1886-1889. Tornato a Calw con la famiglia, completa la scuola con ottimi risultati in greco e latino e dimostra un serio interesse per la musica. Crisi con il padre. Dolori muscolari trattati con elettroshock.

1890-1891. Indirizzato dai genitori a studi teologici, frequenta il ginnasio a Göppingen, dove apprende anche l'«arte della menzogna e della diplomazia» e dove nasce, con la disistima per alcuni insegnanti, un senso di amara insofferenza nei confronti di «qualsiasi autorità». Ottiene la cittadinanza tedesca (dal 1883 era cittadino svizzero) per poter sostenere il *Landexamen,* presupposto di un'istruzione gratuita in una scuola religiosa. Nel settembre 1891, superato l'esame, è ammesso al seminario evangelico di Maulbronn.

1892. Avendo capito «a 13 anni di voler diventare poeta o nient'altro» e disperando di poter perseguire questo scopo per difficoltà obiettive data l'educazione repressiva e conformista della Germania guglielmina (*Risveglio di primavera* di Wedekind è del 1891) e per l'ostilità dell'ambiente familiare, ha una drammatica crisi interiore, vissuta come una «terribile disgrazia» e compresa razionalmente solo «vent'anni dopo», che sfocia in conflitti aperti con i genitori e le autorità scolastiche: dopo soli sette mesi fugge dal seminario e viene trovato semiassiderato nella campagna. Espulso e mandato a Bad Boll dal pastore Christoph Blumhardt, figlio di un noto esorcista, per «togliergli il diavolo dal corpo», di lì a poco compra una pistola e minaccia il suicidio. Ricoverato nella casa di cura per malattie nervose di Stetten, vi trascorre mesi disperati. Nel novembre è ammesso al ginnasio di Cannstatt.

1893. Attraversa fasi maniaco-depressive: compra di nuovo una pistola, si dà al bere, legge Heine, che si sforza di imitare, fa debiti. Forti dolori psicosomatici impediscono infine la continuazione degli studi, che abbandona per proseguire la sua istruzione da autodidatta nella biblioteca del nonno, dove legge volumi di letteratura, storia dell'arte, filosofia specie del '700, ma anche autori contemporanei come Ibsen e Turgenev.

1894. «Nessuna scuola mi voleva, in nessun lavoro resistevo a lungo»: apprendista libraio a Esslingen, fugge dopo soli tre giorni; aiuta il padre per qualche mese; lavora più di un anno come apprendista a Calw nella fabbrica di orologi Perrot, ma decide di non voler fare il meccanico.

1895-1898. Lavora a Tübingen come apprendista libraio presso Heckenhauer per raggiungere l'indipendenza economica con un'attività a lui più congeniale, proseguendo gli studi autodidattici (soprattutto Goethe e Nietzsche).

1899. Pubblica a Dresda la prima raccolta di poesie *Romantische Lieder* (*Canti romantici*) e a Lipsia i brani di prosa *Eine Stunde hinter Mitternacht* (*Un'ora dopo mezzanotte*) grazie al sostegno di Helene Voigt, poi moglie dell'editore Diederichs, con la quale aveva rapporti epistolari. Insuccesso commerciale ma prime recensioni favorevoli e primi contatti letterari. Avvio del superamento della crisi, attraverso la felice conclusione dell'apprendistato come libraio e l'inizio di un'attività letteraria vera e propria.

1899-1903. Trasferitosi a Basilea lavora come libraio di opere contemporanee (da Reich) e poi — per un'esigenza di «ritorno al passato», di «rapporto con la storia» «che sola permette una vita intellettiva» — di antiquariato (da Wattenwyl): si accosta a Nietzsche, Arnold Böcklin, Jacob Burckhardt ed entra in contatto con storici, eruditi, storici dell'arte. Inizio di un lavoro editoriale e di una attività di mediatore culturale: scopre e recensisce libri per orientare i lettori.

1901. Pubblica gli *Hinterlassene Schriften und Gedichte von Hermann Lauscher* (*Scritti postumi e poesie di Hermann Lauscher*), poi ampliati nel 1907, dei quali appare come curatore, secondo un artificio ampiamente sfruttato anche in seguito, che gioca su un'intenzionale ambiguità di realtà e irrealtà, di documento ed elaborazione letteraria. Primo viaggio in Italia (Firenze, Ravenna, Venezia), dove tornerà nel 1903.

1902. Poco dopo la morte della madre viene pubblicato per i tipi della Grote di Berlino un volumetto di poesie a lei dedicate (*Gedichte*), scritte a Basilea e in Italia.

1904. L'editore Fischer pubblica il primo romanzo, *Peter Camenzind,* iniziato nel 1901 e ripreso dopo una pausa di oltre un anno proprio in vista dell'ormai possibile sbocco editoriale, apertosi con la favorevole impressione suscitata da *Hermann Lauscher.* È il primo grande successo letterario di Hesse, che gli consente di abbandonare la professione di libraio per dedicarsi a pieno tempo a quella di scrittore. Già nello stesso anno vince il premio Bauernfeld di Vienna. Nel *Camenzind* è articolata la tematica — autobiografica ma cara a tutta una generazione di scrittori della Germania guglielmina — dell'autorealizzazione e autoeducazione individuale raggiungibili solo a prezzo della rottura e del distacco dalla comunità. In una lettera del 1951 alla *Neue Zürcher Zeitung* Hesse corregge con fermezza un'interpretazione del romanzo frequente specie durante il nazionalsocialismo sottolineando come il forte rapporto emotivo di Peter con la natura, pur sintomo di un disagio nei confronti della società tipico degli albori del secolo, non sia riconducibile all'ideale dei Wandervögel incline a un retorico spirito di gruppo o di setta (spesso carico di implicazioni nazionalistico-razziali): Peter rifugge da «comunità, cameratismo e inquadramento» e cerca al contrario la *sua* strada senza il miraggio di un'illusoria appartenenza. La Schuster & Löffler (Berlino-Lipsia) pubblica le biografie di *Boccaccio* e *Franz von Assisi,* esito di interessi emersi nel corso dei viaggi in Italia.

1904-1912. Nel 1904 Hesse sposa Maria (Mia) Bernoulli, di una nota famiglia di scienziati di Basilea, maggiore di lui di nove anni, donna di grande sensibilità, appassionata di musica, e si trasferisce nel villaggio di Gaienhofen sul lago di Costanza, nel Baden, dapprima in una casa di contadini e poi, nel 1907, in una di sua proprietà, «Am Erlenloh», con giardino, frutteto e vista sul lago. A Gaienhofen nascono tre figli (Bruno, Heiner e Martin). Si tratta di una scelta di vita a contatto con la natura e lontana dalla città ispirata a Tolstoj e John Ruskin e allora piuttosto diffusa specie tra gli artisti tedeschi. Anche nella vecchiaia Hesse preferirà vivere in un ambiente rurale e isolato, lontano da visitatori non graditi. Collabora a vari giornali e riviste tra cui il *Simplizissimus*, la *Neue Rundschau*, *Die Rheinlande*, *Die Propyläen* e, tra il 1907 e il 1912, al quindicinale liberale *März* (con Ludwig Thoma). Contatti con poeti come

Emil Strauss, Stefan Zweig e Christian Wagner, con politici liberali come Haussmann e Theodor Heuss, con pittori come Widmann, Welti, Sturzenegger. Nel 1906 pubblica *Unterm Rad* (*Sotto la ruota*), eco delle traumatiche esperienze scolastiche sue e del fratello Hans; successivamente escono i volumi di racconti *Diesseits* (*Al di qua*) nel 1907, *Nachbarn* (*Vicini*) nel 1908 e *Umwege* (*Vie traverse*) nel 1912, tutti ambientati in provincia e riecheggianti ricordi dell'adolescenza. Nel 1910 appare il romanzo *Gertrud* (Langen, Monaco), che adombra il «difficile equilibrio» nella vita di un artista (in questo caso un musicista, in un periodo in cui Hesse frequenta diversi compositori e scrive libretti operistici e la musica torna ad essere per lui un interesse di primo piano) tra «legame con il mondo e fuga dal mondo», tra serenità e ansiosa ricerca.

1911. Nell'estate, fino alla fine dell'anno, viaggio in India con l'amico pittore Hans Sturzenegger, alla ricerca delle proprie radici culturali e di uno sbocco all'ormai fallito tentativo di vita sedentaria in campagna e all'incipiente crisi coniugale. L'impatto con il paese, diverso da quanto aveva immaginato e profondamente scosso da conflitti politici, non offre facili risposte.

1912. Al ritorno dall'India vende «Am Erlenloh» e lascia la Germania trasferendosi con la famiglia nei pressi di Berna, nella casa in cui era vissuto il pittore Albert Welti e che costituirà uno dei modelli della villa descritta in *Rosshalde.*

1913. Pubblica *Aus Indien. Aufzeichnungen von einer indischen Reise* (*Note da un viaggio in India*): impressioni di viaggio, poesie, un racconto.

1914-1919. Nel 1904 la Fischer di Berlino pubblica *Rosshalde,* ultimo romanzo prima della guerra, analisi — su chiaro spunto autobiografico — del matrimonio fallito di un artista e più in generale delle difficoltà di conciliare una vita familiare con l'attività artistica.

Alla vigilia della guerra mondiale appaiono i sintomi di una psicopatia della moglie e il figlio minore Martin si ammala di meningite; dovrà poi trascorrere una lunga convalescenza in campagna per riprendersi da un grave stato nervoso. La crisi internazionale e la precaria situazione familiare sconvolgono la vita e l'attività di Hesse. In questo periodo viene a contatto con la psicoanalisi, che influirà sulla fase successiva del suo lavoro. Allo scoppio della guerra si presenta come volontario ma viene riformato per la forte miopia. Il suo atteggiamento nei confronti del conflitto è complesso: l'*outsider* impolitico viene a trovarsi tra un desiderio di «fare la sua parte come tedesco» e la sua formazione antinazionalista e antisciovinistica, che lo porta a prendere le distanze dai molti intellettuali tedeschi entusiasti dell'epoca eroica, pur tenendo d'altra parte a non essere confuso con i pacifisti che proprio nella neutrale Svizzera si erano riuniti. Il 3 novembre 1914, richiamandosi a posizioni goethiane, lancia dalle pagine della *Neue Zürcher Zeitung* il famoso appello umanistico «O Freunde, nicht diese Töne!» (O amici, non questa musica!) (dalle prime parole della Nona di Beethoven che introducono l'*Inno alla gioia* di Schiller), che desta scalpore negli ambienti nazionalisti e gli vale la stima del poeta francese Romain Rolland, allora molto attivo per la causa della pace, con il quale inizia un rapporto epistolare che durerà decenni e una solida amicizia. Alla notevole attività pubblicistica di Hesse in giornali tedeschi, svizzeri e austriaci la stampa tedesca reagisce con accuse che lo feriscono profondamente. Per tutta la durata del conflitto opera per la «Deutsche Kriegsgefangenenfürsorge» pubblicando il *Sonntagsbote für deutsche Kriegsgefangene* (1916- 1919) e la *Deutsche Internierten-Zeitung* (1916-1917) e fondando una casa editrice che supplisce alla carenza di libri in Germania producendo tra il '18 e il '19 ventidue titoli. L'attività editoriale e quella pubblicistica costituiscono la parte prevalente del suo impegno di questi anni, tanto che vari titoli che appaiono ora si riferiscono a lavori scritti nell'anteguerra: *Knulp* (iniziato nel 1908), tre storie su un'impossibile, tragica fuga, che «con *Rosshalde* e alcune poesie» costituiscono gli scritti «più cari» a Hesse; *Am Weg* (*Sulla strada*); *Musik des Einsamen* (*Musica del solitario*); tutti pubblicati nel 1915.

1916. Morte del padre. Culmine della malattia del figlio Martin. Mia viene ricoverata in una clinica per malattie nervose e di lì a poco avverrà la separazione definitiva. Hesse ricorre alle cure (le prime a Sonnmatt, presso Lucerna) dello psicoanalista J.B. Lang, allievo di Jung, e comincia ad interessarsi attivamente di psicoanalisi. I riflessi più diretti di questa seconda crisi radicale della sua vita e degli sforzi per superarla si trovano nel *Demian,* avviato proprio allora. In seguito alla ricezione delle opere scritte a Gaienhofen Hesse godeva di una fama di scrittore trasognato e intimista della Heimat, la «terra natia» con forti accentuazioni contadino-provinciali-razziali. Anche l'entusiasmo dei Wandervögel per i racconti della vita di Knulp aveva contribuito a rafforzare questo *cliché*, messo in crisi solo dall'attività pubblicistica antisciovinistica e contro la guerra e in particolare dal pamphlet «Wieder in Deutschland» («Ritorno in Germania»), apparso sulla *Neue Zürcher Zeitung* del 10 ottobre 1915, che scatena le accuse di «senza patria» e «imboscato» dei circoli nazionalistici. Anche una risposta a queste accuse vuol essere il *Demian* (in cui emerge la tematica della polarità-unità poi ripresa in *Siddhartha*), scritto sotto lo pseudonimo di Emil Sinclair (da Isaac von Sinclair amico di Hölderlin), usato soprattutto per l'attività pubblicistica dal 1917 in poi per non compromettere il lavoro di assistenza ai prigionieri di guerra.

1919. Terminato il servizio presso la «Deutsche Kriegsgefangenenfürsorge» decide di restare in Svizzera. Spererà in un rinnovamento della Germania attraverso la rivoluzione del 1918-19 e rimarrà sempre estraneo alla Repubblica di Weimar, di cui traccerà un quadro inquietante nello *Steppenwolf* (*Il lupo della steppa*). Si trasferisce nella Casa Camuzzi di Montagnola, nel Canton Ticino, dove vive anche con l'appoggio finanziario di alcuni amici in seguito alla svalutazione del marco tedesco e alla conseguente drastica riduzione delle sue risorse. Pubblica i *Märchen* (*Favole*), scritti tra il 1913 e il 1917, e il «Bildungsroman» *Demian,* che sarà uno dei suoi maggiori successi soprattutto tra il pubblico giovanile e vincerà il premio Fontane per scrittori esordienti, poi restituito quando diverrà nota la vera identità dell'autore. In quest'anno di grande attività esce anonimo (per raggiungere i giovani, che «rifiutano tutto ciò che non è nuovo») il pamphlet politico *Zarathustras Wiederkehr. Ein Wort an die deutsche Jugend von einem Deutschen* (*Il ritorno di Zaratustra. Messaggio di un tedesco alla gioventù tedesca*), che si richiama a Nietzsche come all'«ultimo, solitario rappresentante di uno spirito, di un coraggio, di una virilità tedeschi che ora sembrano estinti», che «amareggiato dalla decadenza culturale della Germania guglielmina era diventato antitedesco». È tra i fondatori e i redattori (sino al 1921) del mensile politico-letterario *Vivos Voco*, che vuole programmaticamente promuovere una rinascita culturale e morale «contro il settarismo politico», in nome della «umanità», «al di sopra delle parti». Attaccato nuovamente da circoli reazionari, soprattutto da studenti nazionalisti, abbandonerà ogni attività pubblicistica a sfondo riformistico.

1920. Inizia un nuovo periodo di crisi depressive, superato solo nel 1921 con l'analisi, questa volta presso Carl Gustav Jung. Escono *Klingsors letzter Sommer* (*L'ultima estate di Klingsor*), comprendente anche i racconti *Kinderseele* (*Animo infantile*) e *Klein und Wagner*, nati dall'incontro, finita la guerra e trasferitosi nel Ticino, con «l'atmosfera, il clima e la lingua del sud»; le prose e poesie *Wanderungen* (*Peregrinazioni*); *Blick ins Chaos* (*Sguardo nel caos*), comprendente alcuni saggi importanti su Dostoevskij; *Gedichte des Malers* (*Poesie del pittore*), illustrati da suoi acquerelli (nel periodo ticinese allestirà varie mostre di suoi dipinti). Incontra a Lugano Romain Rolland e conosce Hugo Ball.

1921. Pubblica la raccolta *Ausgewählte Gedichte* (*Poesie Scelte*), che comprende una selezione da *Romantische Lieder*, *Musik des Einsamen*, *Wanderungen*. Recensisce sulla *Neue Rundschau* i *Discorsi di Buddha* tradotti dal Neumann. Si sottopone a terapia psicoanalitica e contemporaneamente completa la prima parte di *Siddharta,* frutto di lunghi studi sull'India e sul Buddhismo, che dedicherà a Romain Rolland.

1922. Completa la seconda parte di *Siddhartha*, che dedica al cugino, l'orientalista Wilhelm Gundert. In una lettera del 1925 a Rudolf Schmid, Hesse lo definirà un libro «molto europeo..., il cui insegnamento parte così decisamente dall'individuo e lo prende così sul serio come nessuna dottrina asiatica», anzi «espressione della mia liberazione dal pensiero indiano, ...da ogni dogma»; e che altrove rileggerà come il tentativo di una sintesi morale e culturale tra i due «poli» di Oriente e Occidente.

1923. Divorzia dalla prima moglie. Cura termale contro la gotta, che ripeterà ogni anno fino al 1952, a Baden, presso Zurigo, che gli offre lo spunto per l'autobiografico e autoironico *Kurgast*.

1924. Ottiene di nuovo la cittadinanza svizzera. «Mentre la Germania sabotava follemente la sua giovane repubblica, viziava Hitler con una detenzione privilegiata in fortezza e votava in massa per il vecchio Hindenburg io non appartenevo già più a questo popolo dal punto di vista politico», scriverà Hesse nel 1945. Sposa a Basilea la cantante Ruth Wenger, di vent'anni più giovane, e parte con lei per un giro di letture pubbliche delle sue opere. (Ne farà diversi nei primi anni Venti per arrotondare con gli onorari le sue entrare ridotte dalla guerra e dall'inflazione.) Il legame con la seconda moglie entrerà ben presto in crisi e già alla fine dell'anno i due vivranno separati.

1925. Ruth si ammala di tubercolosi. Nuovo viaggio in Germania. A Monaco incontro con Thomas Mann. Trova un appartamento a Zurigo dove trascorrerà i mesi invernali fino al 1931. Pubblica *Kurgast. Aufzeichnungen von einer Badener Kur* (*Impressioni di una cura termale a Baden*), «a metà strada tra *Siddhartha* e lo *Steppenwolf*».

1926. Dalla nuova crisi depressiva sulla sua vita e sulla mancanza di sbocchi del dopoguerra (in Germania sono i tempi della relativa stabilizzazione e della moda dell'americanismo) nascono *Der Steppenwolf* (*Il lupo della steppa*) e le poesie *Krisis:* «non basta disprezzare la guerra, la tecnica, la febbre del denaro, il nazionalismo. Bisogna sostituire agli idoli del nostro tempo un credo. È quel che ho sempre fatto: nello *Steppenwolf* sono Mozart e gli immortali e il teatro magico; nel *Demian* e in *Siddhartha* gli stessi valori, solo con nomi diversi».

1927. Divorzio da Ruth Wenger. Pubblicazione della *Nürnberger Reise* (*Viaggio a Norimberga*), resoconto del viaggio del '25, e dello *Steppenwolf,* «angoscioso monito contro la guerra incombente», come scriverà vent'anni dopo. Esce, per il suo cinquantesimo compleanno, l'importante biografia *Hermann Hesse. Sein Leben und sein Werk* (*Hermann Hesse. Vita e opere*) di Hugo Ball.

1928. Pubblica le *Betrachtungen* (*Considerazioni*), comprendenti articoli e saggi letterari e politici dal 1904 al 1927, «testimonianze di una Germania non ufficiale, antiimperialistica» (E. Schröder) che verranno messe all'indice nella Germania nazista e che nel '46 Hesse dispererà di vedere ripubblicate prima della sua morte. (La prima riedizione della Suhrkamp sarà del 1970).

1929. Escono *Trost der Nacht* (*Conforto notturno*), che comprende una raccolta di poesie dal 1915 in poi e le «ultime poesie scritte dopo il '27», e *Eine Bibliothek der Weltliteratur* (*Una biblioteca della letteratura universale*).

1930. La Fischer pubblica *Narziss und Goldmund* (*Narciso e Boccadoro*), scritto tra il '27 e il '29 e ambientato in un Medioevo immaginario, «storia di un'amicizia» tra un monaco ascetico e un artista aperto al mondo, che articola in personaggi complementari i due poli di un insoluto dualismo indagato in precedenza all'interno di una stessa personalità.

1931. Sposa in terze nozze Ninon Ausländer Dolbin, archeologa e storica dell'arte austriaca con cui viveva dal '27 e che resterà con lui fino alla morte. (In seguito la Dolbin curerà l'edizione degli scritti postumi di Hesse e farà dono di documenti, lettere e libri al Museo Nazionale Schiller di Marbach. Morirà nel '66). Lascia la Casa Camuzzi per la Casa Rossa sulla Collina d'Oro, messagli a disposizione per tutta la vita dall'amico Hans Bodmer. Abbandona la sezione poesia dell'Accademia Prussiana delle Arti che l'aveva accolto nel '26, a causa di una crescente preoccupazione per il futuro della Germania («che ha perso l'occasione di fare una propria rivoluzione e di trovare una sua strada» e che si avvia verso «un'ondata sanguinosa di terrore bianco») e per il ruolo svolto dall'intellighenzia «ufficiale» tedesca, pronta a fornire copertura alle peggiori avventure «come nel '14». Thomas Mann tenta invano di convincerlo a ritirare le sue dimissioni. Nasce tra i due, conosciutisi già nel 1904, un'amicizia duratura.

1932. Pubblica *Die Morgenlandfahrt* (*Il pellegrinaggio in Oriente*), illustrato da Alfred Kubin, che anticipa alcuni tempi del *Glasperlenspiel* (*Il giuoco delle perle di vetro*), la cui stesura, appena avviata, si protrarrà per oltre un decennio sino al 1943.

1933. Dopo l'avvento del nazismo gli fanno visita nel corso degli anni Trenta vari emigrati tedeschi, che cerca di aiutare intervenendo presso le autorità svizzere: tra questi Hans Carossa, Thomas Mann, Bertolt Brecht, Kurt Wolf, Samuel Fischer, Hermann Kasack, Karl Kerényi, Max Herrmann-Niesse, Ernst Wiechert, Albert Ehrenstein, Peter Weiss.

1934. Prime difficoltà per la mutata situazione politica in Germania: dopo una collaborazione di oltre vent'anni viene disdetto il contratto di Hesse con la rivista monacense *Propyläen,* e la Reclam propone «adattamenti», respinti dall'autore, della *Bibliothek der Weltliteratur.* La Insel pubblica la raccolta di poesie *Vom Baum des Lebens* (*Dall'albero della vita*), dedicata alla moglie Ninon, che si chiude con la lirica «Besinnung» («Riflessione») a ricordare, all'inizio delle persecuzioni di massa naziste, «l'origine dell'uomo dallo spirito, non dal sangue». Diventa membro dell'Unione degli scrittori svizzeri per poter meglio aiutare gli intellettuali tedeschi in esilio. Nel maggio pubblica sulla *Neue Rundschau* una delle tre «Vite» del *Glasperlenspiel: Der Regenmacher* (*Il mago della pioggia*). Smette di scrivere il *Vierter Lebenslauf* (*La quarta vita*). Nel dicembre pubblica sulla *Neue Rundschau* un'introduzione al romanzo.

1935. Esce *Fabulierbuch* (*Libro di racconti*), scritto dal 1904 al 1927. Nel novembre la rivista tedesca *Die Neue Literatur* attacca Hesse per aver recensito favorevolmente il «comunista ebreo» Ernst Bloch e altri scrittori «ebrei» su un periodico svedese. Suicidio del fratello Hans.

1936. Ultimo viaggio in Germania per curare disturbi alla vista. Incontro con Peter Suhrkamp, editore dal '32 della *Neue Rundschau* e direttore dal '36 della casa editrice Fischer tolta alla famiglia omonima (Gottfried Fischer, a cui è stato negato il permesso di stabilirsi in Svizzera, si è trasferito a Vienna dove pubblica autori vietati nel Reich), con il quale Hesse inizia stretti contatti personali e di lavoro. Suhrkamp contrasterà i tentativi delle autorità naziste di reprimere le opere di Hesse rifiutando ad esempio il permesso di riproduzione o l'assegnazione della quota di carta necessaria (non ci sarà nel Terzo Reich un divieto «ufficiale» dei lavori di Hesse, sgraditi soprattutto per la parte pubblicistica politico-letteraria). Vince il premio Gottfried Keller. Invia alla *Neue Rundschau* la seconda «Vita» del *Glasperlenspiel*.

1937. Escono i *Gedenkblätter* (*Pagine commemorative*) (con il *Fabulierbuch* l'unica opera in prosa di Hesse pubblicata in prima edizione in Germania durante il nazismo) e i *Neue Gedichte* (*Nuove poesie*), comprendenti una scelta di liriche scritte dal '29 al '36. Le riedizioni di *Unterm Rad*, *Der Steppenwolf*, *Betrachtungen* e *Narziss und Goldmund* vengono bloccate. Dal '33 al '45 circolano in Germania solo 20 titoli di Hesse, comprese le riedizioni, in un numero ristretto di copie. La *Neue Rundschau* pubblica l'«Indischer Lebenslauf» («Una vita indiana») del *Glasperlenspiel*. Aiuto materiale di Hesse a Robert Walser.

1938. Arrivano i primi emigrati dall'Austria: Hesse cerca invano l'aiuto delle autorità svizzere. Arrivo a Montagnola di Albert Ehrenstein e Peter Weiss. Pubblica due capitoli del *Glasperlenspiel:* «Die Berufung» («La vocazione») e «Waldzell».

1939. Pubblica sulla *Neue Rundschau* il capitolo «Studienjahre» («Anni di studio»).

1940. Escono sulla *Neue Rundschau* i capitoli «Die Mission» («La missione») e «Magister Ludi».

1942. Visto l'insuccesso degli sforzi di Suhrkamp in Germania Hesse si decide a malincuore ad autorizzare la pubblicazione delle sue opere a Zurigo presso Fretz & Wasmuth. Esce la prima edizione complessiva delle poesie: *Die Gedichte*.

1943. Nel novembre la casa editrice svizzera pubblica *Das Glasperlenspiel. Versuch einer Lebensbeschreibung des Magister Ludi Josef Knecht samt Knechts hinterlassenen Schriften. Herausgegeben von Hermann Hesse.* (*Il giuoco delle perle di vetro. Saggio biografico sul Magister Ludi Josef Knecht pubblicato insieme con i suoi scritti postumi a cura di Hermann Hesse*), romanzo «indissolubilmente legato allo sviluppo della situazione politica in Germania dopo il 1930», «controproposta alla barbarie e al crimine del Terzo Reich, acuta analisi del periodo e al tempo stesso utopia... che riprende tratti dell'utopia classica, quelli del ritorno alla natura, dell'idea della pace e di una società senza classi» (S. Unseld). Peter Suhrkamp, che aveva invano tentato di far pubblicare il romanzo in Germania, viene internato per qualche tempo in un campo di concentramento.

1945. Notevole e quasi prevalente attività epistolare internazionale di Hesse negli anni del dopoguerra. Riceve tra gli altri André Gide, Theodor Heuss, Hans Carossa, Carl J. Burckhardt e Thomas Mann. Escono i *Traumfährte* (*Viaggi di sogno*), nuovi racconti e favole, dedicati a Ernst Morgenthaler.

1946. Pubblica *Krieg und Frieden. Betrachtungen zu Krieg und Politik seit dem Jahre 1914* (*Guerra e pace. Considerazioni sulla guerra e sulla politica dal 1914*), dedicato al «caro Romain Rolland» e comprendente una succinta raccolta della sua pubblicistica politica. Gli viene conferito il premio Goethe della città di Francoforte e, nel novembre, il premio Nobel. Non si reca né a Francoforte né in Svezia. Presso Suhrkamp esce la prima edizione tedesca del *Glasperlenspiel,* che inaugura la ripresa della pubblicazione delle opere di Hesse in Germania (dapprima per i tipi del Suhrkamp Verlag vorm. Fischer e dal '51 per quelli del Suhrkamp Verlag, Frankfurt/Main).

1947. Laurea *honoris causa* dell'Università di Berna. In questi anni di forte tensione internazionale vivo impegno di Hesse, da posizioni neutralistiche, contro la guerra fredda.

1950. Premio Wilhelm Raabe della città di Braunschweig.

1951. Escono *Späte Prosa* (*Prosa tarda*), racconti dal 1944 al 1950, e *Briefe* (*Lettere*), una raccolta di 200 lettere dal 1927 al 1959 dedicata «all'amico Suhrkamp per il suo sessantesimo compleanno».

1952. Per il settantacinquesimo compleanno di Hesse la Suhrkamp pubblica *Gesammelte Dichtungen* (*Opere*), in sei volumi.

1954. *Piktors Verwandlungen* (*Le metamorfosi di Piktor*), favola inedita scritta nel '22, che sarà poi ripresa nell'edizione del '55 dei *Märchen*.

1955. *Beschwörungen* (*Evocazioni*), racconti, lettere e pagine di diario dal 1951. Gli vengono conferiti la medaglia «Al merito» per la pace e il premio per la pace dei librai tedeschi.

1956. Fondazione del premio Hermann Hesse per iniziativa del Comitato promotore dell'arte tedesca del Baden-Württemberg.

1957. Escono le *Gesammelte Schriften* (*Opere*) in sette volumi, per l'aggiunta di un volume di prose e lettere alla precedente edizione del '52.

1961. Pubblica *Stufen* (*Gradini*), una scelta di poesie vecchie e nuove. Acutizzarsi della leucemia diagnosticatagli da qualche tempo.

1962. Esce un'edizione dei *Gedenkblätter* ampliata di 15 testi rispetto a quella del '37. Il comune di Montagnola lo nomina cittadino onorario.
Il 9 agosto Hesse muore a Montagnola per emorragia cerebrale, all'età di 85 anni, e viene seppellito nel cimitero di S. Abbondio.

VIVIANA FINZI VITA

OPERE

Poesie

Romantische Lieder, Dresden, F. Person, 1899.
Gedichte, Berlin, G. Grote, 1902.
Unterwegs, München, G. Müller, 1911.
Musik des Einsamen, Heilbronn, E. Salzer, 1915.
Gedichte des Malers, Bern, Seldwyla, 1920.
Ausgewählte Gedichte, Berlin, S. Fischer, 1921.
Krisis, Berlin, S. Fischer, 1928.
Trost der Nacht, Berlin, S. Fischer, 1929.
Jahreszeiten, Zürich, Gebr. Fretz, 1931.
Vom Baum des Lebens, Leipzig, Insel, 1934.
Neue Gedichte, Berlin, S. Fischer, 1937.
Die Gedichte, Zürich, Fretz u. Wasmuth, 1942.
Späte Gedichte, St. Gallen, ediz. privata, 1946.
Stufen, Frankfurt/M. Suhrkamp, 1961.
Die späten Gedichte, Frankfurt/M. Insel, 1963.

Romanzi e racconti

Eine Stunde hinter Mitternacht, Leipzig, Diederichs, 1899.
Hinterlassene Schriften und Gedichte von Hermann Lauscher, Basel, R. Reich, 1902.
Peter Camenzind, Berlin, S. Fischer, 1904.
In der alten Sonne, Berlin, 1904.
Heumond, Berlin, 1905.
Eine Fussreise im Herbst, Düsseldorf, 1906.
Unterm Rad, Berlin, S. Fischer, 1906.
Diesseits, Berlin, S. Fischer, 1907.
Schön ist die Jugend, München, 1907.
Nachbarn, Berlin, S. Fischer, 1908.
Freunde, Braunschweig, 1908-1909.
Ladidel, München, 1909.
Gertrud, München, A. Langen, 1910.

Emil Kolb, Berlin, 1911.
Der Weltverbesserer, München, 1911.
Umwege, Berlin, S. Fischer, 1912.
Aus Indien, Berlin, S. Fischer, 1913.
Rosshalde, Berlin, S. Fischer, 1914.
Knulp, Berlin, S. Fischer, 1915.
Am Weg, Konstanz, Reuss u. Itta, 1915.
Demian. Die Geschichte einer Jugend von Emil Sinclair, Berlin, S. Fischer, 1919.
Kleiner Garten, Wien, E.P. Tal u. Co., 1919.
Märchen, Berlin, S. Fischer, 1919.
Klein und Wagner, Leipzig, 1919.
Klingsors letzter Sommer, Berlin, S. Fischer, 1920.
Siddhartha. Eine Indische Dichtung, Berlin, S. Fischer, 1921.
Kurgast, Berlin, S. Fischer, 1925.
Bilderbuch. Schilderungen, Berlin, 1926.
Die Nürnberger Reise, Berlin, S. Fischer, 1927.
Der Steppenwolf, Berlin, S. Fischer, 1927.
Narziss und Goldmund, Berlin, S. Fischer, 1930.
Die Morgenlandfahrt, Berlin, S. Fischer, 1932.
Studien im Garten, Wien, Bermann-Fischer, 1936.
Gedenkblätter, Berlin, S. Fischer, 1937.
Der Novalis, Aus den Papieren eines Altmodischen, Olten, Bücherfreunde, 1940.
Das Glasperlenspiel, Zürich, Fretz u. Wasmuth, 1943.
Traumfährte, Zürich, Fretz u. Wasmuth, 1945.
Feuerwerk, Olten, Bücherfreunde, 1946.
Späte Prosa, Berlin, Suhrkamp, 1951.
Piktors Verwandlungen, Berlin, Suhrkamp, 1954.
Beschwörungen, Berlin, Suhrkamp, 1955.
Prosa aus dem Nachlass, Frankfurt/M., Suhrkamp, 1965.
Der vierte Lebenslauf Josef Knechts, Frankfurt/M., Suhrkamp, 1965.
Die Kunst des Müssiggangs, Frankfurt/M., Suhrkamp, 1973.

Articoli e saggi

Boccaccio, Berlin, Schuster u. Loeffler, 1904.
Franz von Assisi, Berlin, Schuster u. Loeffler, 1904.
Zarathustras Wiederkehr, *Ein Wort an die deutsche Jugend*, Bern, Stämpfli, 1919.
Blick ins Chaos, Bern, Seldwyla, 1920.
Betrachtungen, Berlin, S. Fischer, 1928.
Eine Bibliothek der Weltliteratur, Leipzig, Reclam, 1929.
Kleine Betrachtungen, Bern, Stämpfli, 1941.
Dank an Goethe, Zürich, W. Classen, 1946.
Der Europäer, Berlin, Suhrkamp, 1946.
Krieg und Frieden, Zürich, Fretz u. Wasmuth, 1946.
Stufen der Menschwerdung, Olten, Bücherfreunde, 1947.
Musikalische Notizen, Zürich, Conzett & Huber, 1948.
An einen Musiker, Olten, Bücherfreunde, 1960.
Bericht an die Freunde, Olten, Bücherfreunde, 1960.
Neue Deutsche Bücher, Marbach, Turmhahn-Bücherei, 1965.
Politische Betrachtungen, Frankfurt/M., Suhrkamp, 1970.
Politik des Gewissens. Die politischen Schriften (1914-1932; 1932-1962), a cura di V. Michels, 2 voll., Frankfurt/M., Suhrkamp, 1977.

Edizioni complessive

Gesammelte Dichtungen, 6 voll., Berlin und Frankfurt/M. Suhrkamp, 1952.
Gesammelte Schriften, 7 voll., Berlin und Frankfurt/M. Suhrkamp, 1957.
Gesammelte Werke in zwölf Bände, Frankfurt/M. (Werkausgabe), Suhrkamp, 1970.

Schriften zur Literatur, 2 voll., Frankfurt/M. (voll. 11 e 12 della Werkausgabe), Suhrkamp, 1972.

Gesammelte Werke in zwölf Bände, Frankfurt/M., (Werkausgabe), Suhrkamp, Taschenbuch, 1987.

Edizioni delle lettere

H. HESSE-R. ROLLAND, *Briefe*, a cura di A. Goes, Zürich, 1954.

E. BALL-HENNINGS, *Briefe an Hermann Hesse*, a cura di A. Schütt-Hennings, Frankfurt/M., 1956 (1920-1948).

E. MORGENTHALER, «Briefe an Hermann Hesse», in E.M., *Ein Maler erzählt*, Zürich, 1957, pp. 147-87.

Briefe, Ediz. ampliata, Frankfurt/M., 1964.

Kindheit und Jugend vor Neunzehnhundert. Hermann Hesse in Briefen und Lebenszeugnissen, 1877-1895. Scelta a cura di Ninon Hesse, Frankfurt/M., 1966.

H. HESSE-TH. MANN, *Briefwechsel*, a cura di A. Carlsson, Frankfurt/M., 1968 (1910-1915).

H. HESSE-P. SUHRKAMP, *Briefwechsel 1945-1959*, a cura di S. Unseld, Frankfurt/M., 1969.

H. HESSE-H. VOIGT-DIEDERICHS, *Zwei Autorenporträts in Briefen, 1897-1900*, a cura di I. Diederichs, Düsseldorf, 1971.

H. HESSE-K. KERÉNY, *Briefwechsel aus der Nähe*, a cura di M. Kerény, München-Wien, 1972 (1943-1956).

Gesammelte Briefe, 4 voll. In collaborazione con Heiner Hesse, a cura di U. e V. Michels, Frankfurt/M., 1973-1986. I vol., 1895-1921. II vol., 1922-1935. III vol., 1936-1948. IV vol. 1949-1962.

Traduzioni in italiano

L'ultima estate di Klingsor, tr. B. Allason, Milano, Sperling e Kupfer, 1931.

Klein e Wagner, tr. B. Allason, Milano, Sperling e Kupfer, 1931.

Narciso e Boccadoro, tr. C. Baseggio, Milano, Mondadori, 1933.

Siddharta, tr. M. Mila, Torino, Frassinelli, 1945.

Il lupo della steppa, tr. E. Pocar, Milano, Mondadori, 1950.

Storia di un vagabondo (*Knulp*), tr. E. Pocar, Milano, Martello, 1950.

Peter Camenzind, tr. E. Pocar, Milano, Martello, 1951.

Demian, tr. E. Pocar, Milano, Martello, 1952.

Liriche, tr. E. Lonardi, Messina-Firenze, G. D'Anna, 1952.

Il giuoco delle perle di vetro, tr. E. Pocar, Milano, Mondadori, 1955.

«Poesie», in *Lirici contemporanei*, tr. D. Valeri, Milano, Mondadori, 1959.

Lettere ai contemporanei, tr. G. Ruschena Accatino, Milano, Il Saggiatore, 1960.

Il pellegrinaggio in Oriente, tr. E. Pocar, Milano, Adelphi, 1961.

Scritti autobiografici, tr. G. Ruschena Accatino, Milano, Mondadori, 1961.

Opere scelte, a cura di L. Mazzucchetti, Milano, Mondadori, 1961, Vol. I, Scritti autobiografici. Vol. II, «Knulp», «Demian», «Klein e Wagner», «L'ultima estate di Klingsor», «Siddharta», «Il pellegrinaggio in Oriente». Vol. III, «Il lupo della steppa», «Narciso e Boccadoro». Vol. IV, «Il giuoco delle perle di vetro». Vol. V, 3 Saggi letterari. Poesie. Scritti vari.

Peter Camenzind, tr. L. Magliano, Milano, Rizzoli, 1962.

Sotto la ruota, tr. L. Magliano, Milano, Rizzoli, 1964.

«Poesie», in *Poesia tedesca*, tr. E. Pocar, Milano, Mondadori, 1964.

Il ciclone, tr. E. Pocar, Milano, Mondadori, 1965.

Knulp, Il ciclone, Demian, Narciso e Boccadoro, Saggi, Poesie, Lettere di contemporanei, Torino, UTET, 1965.

25 poesie, tr. E. Pocar, Milano, Scheiwiller, 1965.

Opere scelte, a cura di E. Pocar, Milano, Mondadori, 1965. «Knulp», «Il ciclone», «Demian», «Narciso e Boccadoro». Saggi. 25 poesie. Lettere ai contemporanei.

Viaggio in India, tr. F. Barda, Milano, Sugarco, 1973.

Peter Camenzind, tr. G. Quieto, Roma, Newton Compton, 1974.

Siddharta, tr. M. Mila, Milano, Adelphi, 1975.
L'ultima estate di Klingsor, tr. M. Specchio, Milano, Guanda, 1977.
La cura, tr. di I.A. Chiusano, Milano, Adelphi, 1977.
Romanzi, a cura di M.P. Crisanaz Palin, prefaz. C. Magris, Milano, Mondadori, 1977. «Il lupo della steppa», « Knulp», «Demian», «Animo infantile», «Klein e Wagner», «L'ultima estate di Klingsor», «Siddharta».
Poesie, a cura di M. Specchio, Milano, Guanda, 1978.
Amicizia, tr. E. Banchelli, Milano, Sugarco, 1978.
Pellegrinaggio d'autunno e altri racconti, tr. E. Banchelli, Milano, Sugarco, 1979.
Hermann Lauscher, tr. E. Banchelli, Milano, Sugarco, 1979.
Una biblioteca della letteratura universale, tr. E. Castellani e I.A. Chiusano, Milano, Adelphi, 1979.
Francesco d'Assisi, seguito da *L'infanzia di san Francesco d'Assisi*, tr. M.G. Cocconi Poli e E. Banchelli, Milano, Sugarco, 1980.
Il mio credo, a cura di M.T. Giannelli, Milano, Rizzoli, 1980.
Poesie, a cura di B. Dal Lago Veneri, con un saggio di F. Jesi, Milano, Guanda, 1980.
Peter Camenzind, tr. E. Pocar, Milano, Mondadori, 1980.
L'azzurra lontananza, a cura di L. Coeta, Milano, Sugarco, 1980.
Il miglioratore del mondo, tr. M. Ulivieri, Roma, Newton Compton, 1980.
Gertrud, tr. M.T. Mandalari, Milano, Mondadori, 1980.
Scritti autobiografici, tr. G. Ruschena Accatino, Milano, Mondadori, 1980.
Leggende, tr. M.T. Mandalari, Milano, Mondadori, 1980.
Rosshalde, tr. V. Finzi Vita, Roma, Newton Compton, 1980.
Gertrud, tr. P. Paoloni, Roma, Newton Compton, 1981.
Vagabondaggio, tr. M. Specchio, Roma, Newton Compton, 1981.
Altri romanzi e poesie, a cura di F. Masini, Milano, Mondadori, 1981.
Favola d'amore, Roma, Stampa Alternativa, 1981.
Fiabe. Leggende, tr. Saba Sardi, Milano, Mondadori, 1981.
Bella è la gioventù, tr. M. Ulivieri, Roma, Newton Compton, 1982.
False vocazioni, Milano, Sugarco, 1982.
Fragilità, Milano, Sugarco, 1982.
La stagione della giovinezza, Milano, Sugarco, 1982.
Racconti, tr. M. Bistolfi, Milano, Mondadori, 1982.
Letture da un minuto, Milano, Rizzoli, 1983.
Il nano, tr. A. Rossi Stoffel, Milano, Emme, 1983.
Tempo di fieno, Milano, Sugarco, 1983.
La promessa, Milano, Sugarco, 1984.
Da un'altra stella, tr. L. Coeta, Milano, Sugarco, 1985.
Le farfalle, Roma, Stampa Alternativa, 1985.
Peter Camenzind, a cura di M.L. Spaziani, Milano, Bompiani, 1985.
Piccole gioie, Milano, Rizzoli, 1985.
Racconti indiani, tr. E. Banchelli, Milano, Sugarco, 1985.
Demian, tr. e cura di E. Pocar, Milano, Mondadori, 1986.
L'uomo con molti libri e altri racconti, tr. F. Brunetta, Pordenone, Studio Tesi, 1986.
Dall'India, tr. S. Vigezzi, Milano, Garzanti, 1987.
Nel chiosco di Pressel, tr. A. Guareschi, Milano, Guanda, 1987.
Non uccidere. Considerazioni politiche, tr. F. Saba Sardi, Milano, Mondadori, 1987.
Leggende e fiabe, tr. M. Ulivieri e B. Dal Lago Veneri, Roma, Newton Compton, 1988, VI ed. 1994.
L'ultima estate di Klingsor, tr. A. Martini Lichtner, Milano, Garzanti, 1988.
L'ultima estate di Klingsor, tr. M. Specchio, Milano, Garzanti, 1988.
L'ultima estate di Klingsor, tr. M. Specchio, Roma, TEA, 1988.
Monte Verità, tr. L. Coeta, Milano, Sugarco, 1988.
Peter Camenzind, Trieste, Stampa Triestina, 1988.
Sull'amore, Milano, Mondadori, 1988.
Romanzi, «Peter Camenzind», «Gertrud», «Rosshalde», «Demian», tr. G. Quieto, P.Paoloni, V. Finzi Vita e B. Dal Lago Veneri, Roma, Newton Compton, 1988, III ed. 1992.
Poesie d'amore, tr. B. Dal Lago Veneri, Roma, Newton Compton, 1989, II ed. 1992.
Acquarelli, Roma, Stampa Alternativa, s.d.

L'infanzia del mago, Roma, Stampa Alternativa, s.d.
Viaggio in India - Racconti indiani, tr. B. Dal Lago Veneri, M. Ulivieri, Roma, Newton Compton, 1989, IV ed. 1994.
Racconti, «Hans Amstein», «Karl Eugen Eiselein», «Il liceale», «Il miglioratore del mondo», «Sacrificio d'amore», «Una sonata», «La prima avventura», «Frammento di gioventù», «Bella è la gioventù», «Amici», «Taedium vitae», «Il fidanzamento», «Ladidel», «Emil Kolb», tr. M. Ulivieri, Roma, Newton Compton, 1989, II ed. 1992.
Poesie romantiche, tr. B. Dal Lago Veneri, Roma, Newton Compton, 1989.
Il bicchiere scrivente, tr. Livia Magliano, Milano, Marcos y Marcos, 1989.
La conversione di Casanova; *Padre Matthias*, a cura di Enrico Groppali, Parma, Guanda, 1989.
Religione e mito, a cura di V. Michels, tr. Enza Gini, Milano, Mondadori, 1989.
L'infanzia del mago e altre fiabe, tr. Nadia Carli, Pordenone, Studio Tesi, 1989.
Diario italiano, a cura di C.M. Messina, tr. E. Gut, Roma, Biblioteca del Vascello, 1989.
Dall'Italia, Diari, poesie, saggi e racconti, tr. E. Banchelli, E. Ganni, F. Saba Sardi, Milano, Mondadori, 1990.
Romanzi brevi, «Sotto la ruota», «Knulp», «L'ultima estate di Klingsor», «Klein e Wagner», tr. F. Ricci, Roma, Newton Compton, 1990, II ed. 1993.
Il coraggio di ogni giorno, a cura di Adriana Apa, Milano, Mondadori, 1990.
Dall'India: annotazioni e racconti, tr. Claudia Groff e Elisabetta Potthoff, Milano, Mondadori, 1990.
Giorni di luglio, tr. Alberto Guareschi, Parma, Guanda, 1990.
Rosshalde, tr. Viviana Finzi Vita, Roma, Newton Compton, 1990.
Letture da un minuto, a cura di V. Michels, Milano, Rizzoli, 1990.
Dall'Italia e Racconti italiani, tr. F. Ricci, M. Ulivieri, B. Dal Lago Veneri, Roma, Newton Compton, 1991, II ed. 1994.
Racconti brevi, tr. F. Ricci, Roma, Newton Compton, 1991, II ed. 1993.
La nevrosi si può vincere, tr. Oreste Bramati, Milano, Mondadori, 1991.
Racconti, tr. Marina Bistolfi, Milano, Mondadori, 1991.
Siddharta, tr. Massimo Mila, Milano, Adelphi, 1991.
Romanzi e racconti, «Hermann Lauscher», «Peter Camenzind», «Sotto la ruota», «Gertrud», «Rosshalde», «Knulp», «Demian», «Klein e Wagner», «L'ultima estate di Klingsor e otto racconti lunghi», tr. F. Ricci, G. Quieto, P. Paoloni, V. Finzi Vita, B. Dal Lago Veneri, M. Ulivieri, edizione integrale, Roma, Newton Compton, 1992.
Piccole gioie, a cura di V. Michels, Milano, Rizzoli, 1992.
Vagabondaggio, a cura di M. Specchio, Roma, Newton Compton, 1992, IV ed. 1993.
Amicizia, tr. M. Ulivieri, Roma, Newton Compton, 1992, VI ed. 1994.
Pellegrinaggio d'autunno e altri racconti, tr. F. Ricci e M. Ulivieri, Roma, Newton Compton, 1992, IV ed. 1994.
Knulp, storia di un vagabondo, tr. F. Ricci, Roma, Newton Compton, 1992, III ed. 1994.
Bella è la gioventù, tr. M. Ulivieri, Roma, Newton Compton, 1992, IV ed. 1994.
Poesie romantiche, a cura di B. Dal Lago Veneri, Roma, Newton Compton, 1992.
False vocazioni, tr. E. Banchelli, Carnago, SugarCo, 1992.
Francesco d'Assisi, tr. B. Griffini, Milano, Guanda, 1992.
Nel chiosco di Pressel, tr. A. Guareschi, Milano, Guanda, 1992.
Francesco d'Assisi, tr. M. Ulivieri, Roma, Newton Compton, 1993.
Klein e Wagner, tr. F. Ricci, Roma, Newton Compton, 1993, II ed. 1994.
Hermann Lauscher, tr. F. Ricci, Roma, Newton Compton, 1993.
Amore, tr. P. Collesi, B. Dal Lago Veneri, F. Ricci, M. Ulivieri, Roma, Newton Compton, 1993.
Peter Camenzind, Demian, Due romanzi della giovinezza, tr. G. Quieto, B. Dal Lago Veneri, intr. di I.A. Chiusano, Roma, Newton Compton, 1993.
Il miglioratore del mondo e *Emil Kolb*, tr. di M. Ulivieri, Roma, Newton Compton, 1993.
Aforismi, a cura di Paola Sorge, Roma, Newton Compton, 1993.

Rosshalde, a cura di Mauro Ponzi, Pordenone, Studio Tesi, 1993.
Notizie straordinarie da un altro pianeta, a cura di Gianni Bertocchini, Pordenone, Studio Tesi, 1993.
L'ultima estate di Klingsor, tr. F. Ricci, Roma, Newton Compton, 1994.
Il vagabondo, a cura di Paola Sorge, Roma, Newton Compton, 1995.
Il piacere dell'ozio, a cura di Paola Sorge, Roma, Newton Compton, 1995.

BIBLIOGRAFIE

M. PFEIFER, *H.H. Bibliographie der im Gebiet der DDR seit 1945 erschienenen Schriften von und über H.H.*, Leipzig, 1955.
J. MILEK, *H.H. and his Critics. The Criticism and Bibliography of Half a Century*, North Carolina, 1958.
H. WAILBLER, *Hermann Hesse. Eine Bibliographie*, Bern-München, 1962.
O. BAREISS, *Hermann Hesse*, 2 voll., Basel, 1962 e 1964.
I Werke über H.H. II Zeitschriften - und Zeitungsaufsätze (1964).
M. PFEIFER, *Hermann Hesse-Bibliographie, Primär-und Sekundärschriftum in Auswahl*, Berlin, 1973.
H. UNSELD, *Hermann Hesse-Eine Werkgeschichte*, Frankfurt/M., 1973.
R. KOESTER, *Hermann Hesse*, Stuttgart, 1975.
J. MILECK, *Hermann Hesse: Life and Art*, University of California, 1978, ed. ted. *Hermann Hesse, Dichter Sucher Bekenner*, München, 1979.

RACCOLTE DI SAGGI E MATERIALI

Materialen zu HHs «Steppenwolf», 2 voll., a cura di Volker Michels, Frankfurt/M., 1972.
Hesse. A Collection of Critical Essays, a cura di Theodore Ziolkowski, Englewood Cliffs, New Jersey, Prentice-Hall, 1973.
Materialen zu HHs «Das Glasperlenspiel», 2 voll., a cura di Volker Michels, Frankfurt/M., 1973-74.
Hermann Hesse im Spiegel der zeitgenössischen Kritik, a cura di A. Hsia, Bern-München, 1975.
Materialen zu HHs «Siddharta», 2 voll., a cura di Volker Michels, Frankfurt/M., 1975.
Über Hermann Hesse, a cura di Volker Michels, Frankfurt/M., 2 voll., 1976 e 1977.
Hermann Hesse Weltweite Wirkung, a cura di Martin Pfeifer, Frankfurt/M., 1977.

STUDI COMPLESSIVI SULL'AUTORE

H. BALL, *HH. Sein Leben und sein Werk*, Berlin, 1927, ed. agg. Zürich, 1947 (integrata da Anni Carlsson e Otto Basler).
O. BASLER, *Der späte Hermann Hesse*, Olten, 1957.
R. PANNWITZ, *Hermann Hesses West-östliche Dichtung*, Frankfurt/M., 1957.
W. DÜRR, *Hermann Hesse. Vom Wesen der Musik in der Dichtung*, Stuttgart, 1957.
F. BAUMER, *Hermann Hesse. Romantiker und Realist*, Berlin, 1959.
T. ZIOLKOWSKI, *H. Hesse*, New York-London, 1966.
H.J. LÜTHI, *H.H., Natur und Geist*, Stuttgart-Berlin-Köln-Mainz, 1970.
F. BÖTTGER, *H.H., Leben, Werk, Zeit*, Berlin, 1974.
GANESHAN VRIDHAGIRI, *Das Indienerlebnis HHs*, Bonn, 1974.
A. HSIA, *H.H. und China. Darstellung, Materialen und Interpretationen*, Frankfurt/M., 1974.

PRINCIPALI STUDI SULL'AUTORE IN LINGUA ITALIANA

E.M. PROBIZER, «L'India antica nelle opere di due moderni poeti tedeschi» (H. Hesse e il danese Gjellerup), in *Nuova antologia*, CCCXXXVI (1928), pp. 87-105.
R. BISCARDO, *Voci della poesia di H.H.*, Milano, Soc. An. editrice Dante Alighieri, 1933.

L. MAZZUCCHETTI, « H.H. e un suo recente messaggio », in *Il Ponte*, 1946, pp. 1075-81.
E. POCAR, «H.H.», in *Letterature moderne*, Milano-Bologna, luglio-agosto, 1957, pp. 422-35.
L. MAZZUCCHETTI, in *Novecento in Germania*, Milano, Mondadori, 1959, pp. 166-178.
C. BRUNER, «Solitudine e socialità nella narrativa di H.H.», in *Studium*, 1959, pp. 820-33.
E.R. CURTIUS, «H.H.», in *Studi di letteratura europea*, Bologna, Il Mulino, 1963.
P. CHIARINI, «Esperienza poetica e autobiografica in H.H.», in *Miscellanea di studi in onore di B. Tecchi*, Roma, Ateneo, 1969, pp. 626-639.
M.T. CRUCIANI, *Il Peter Camenzind, di H.H.*, Roma, Librotecnica, 1973.
H. HINTERHÄUSER, «H.H. Il lupo della steppa», in *Il romanzo tedesco del Novecento*, Torino, Einaudi, 1973, pp. 185-198.
S. LICHTHEIM, *L'Europa del Novecento. Storia e cultura (Europe in the 20th Century*, tr. J. Rambelli), Bari, Laterza, 1973.
H. MAYER, *Saggi sulla letteratura tedesca contemporanea (Zur dt. Literatur der Zeit*, tr. A. Pandolfi), Milano, Mursia, 1973, pp. 31-42.
S. GIVONE, in *Hybris e melancholia. Studi sulle poetiche del Novecento*, Milano, Mursia, 1974.
R. ANDREASSI RUGGIERI, *H.H. Sull'esperienza dell'io e della storia.* Prefaz. L. Quattrocchi, L'Aquila, L.U. Japadre, 1976.
A. PUTINO, *Trompe l'oeil. Il Mito di Narciso in H.H.*, Napoli, Edizioni Scientifiche Italiane, 1977.
G. BEVILACQUA, «Introduzione» a *Sotto la ruota*, Milano, Rizzoli, 1977.
G. MAGRIS, «Il sorriso dell'unità ovvero H.H. fra Vita e la vita», in *H.H.*, *Romanzi*, Milano, Mondadori, 1977, pp. XI-XXXIII.
F. MASINI, «H.H. e la moltitudine dei sì», Introduzione a *L'ultima estate di Klingsor*, Milano, Guanda, 1977.
F. MASINI, «La difficile saggezza di Hermann Hesse», in *Hermann Hesse. Commemorazione del primo centenario della nascita*, Lugano, 1977.
G. BEVILACQUA, «Introduzione» a *Peter Camenzind*, Milano, Rizzoli, 1979.
I.A. CHIUSANO, «Introduzione» a *Peter Camenzind*, Milano, Mondadori, 1980.
M.T. GIANNELLI, «Introduzione» a *Il mio credo*, Milano, Rizzoli, 1980.
R. FERTONANI, «Postfazione» a *Gertrud*, Milano, Mondadori, 1980.
M. PONZI, *Hermann Hesse*, Firenze, La Nuova Italia, 1981.
E. BANCHELLI, *Invito alla lettura di Hermann Hesse*, Milano, Mursia, 1988.
Hermann Hesse e i suoi lettori: Atti del Convegno a cura di Giorgio Cusatelli, Parma, Hesse: opera e impronta, Pratiche Ed., 1989.
M. F. FROLA, *Hermann Hesse fra armonica e teosofia*, Asti, 1990.
E. BANCHELLI, «Hesse», in *Album Hesse*, intr. di Italo Alighiero Chiusano, Milano, Mondadori, 1991.
G. CUSATELLI-H. HESSE, *Hermann Hesse*, Pordenone, Studio Tesi, 1991.
E. GROPPALI, *Hermann Hesse nei ricordi del suo medico*, Milano, Mondadori, 1991.
Album Hesse, intr. di I.A. Chiusano, Milano, Mondadori, 1991.
M. VERSARI, «Utopia e storia del romanzo "Das Glasperlenspiel" di Hermann Hesse», in *Per una definizione dell'utopia*, Ravenna, Longo editore, 1992.
M. MANZONI-G. PONTIGGIA, *I volti di Hermann Hesse*, Milano, Mondadori, 1993.
H. BALL, *Hermann Hesse*, Petrini editore, 1993.

ANIMO INFANTILE
E ALTRI RACCONTI

Animo infantile

Talvolta traffichiamo, andiamo avanti e indietro, facciamo questo e quest'altro, alla leggera e al tempo stesso senza impegno, come se le cose potessero andare anche diversamente. E talvolta, in altri momenti, le cose non possono essere altrimenti, niente è leggero e poco impegnativo, ed ogni respiro che facciamo è determinato da forze misteriose e greve di destino.

Le azioni della nostra vita che definiamo buone e che ci resta facile raccontare sono quasi tutte di quel primo tipo, «leggero», e le dimentichiamo facilmente. Altre azioni invece, di cui parliamo a fatica, non le dimentichiamo più: sono in certo qual modo più nostre delle altre, e le loro ombre ricadono su tutti i giorni della nostra vita.

La nostra casa paterna, grande e chiara, era ubicata su una strada luminosa, e vi si entrava attraverso un alto portone, dove subito si era circondati da fresco, penombra e un'aria umida, di pietra. Ti accoglieva un corridoio alto e buio, il pavimento di piastrelle di arenaria rossa conduceva, leggermente in salita, verso la scala, il cui inizio era profondamente immerso nella semioscurità. Molte migliaia di volte sono entrato in quella casa, e mai avevo uno sguardo per portone e pavimento, piastrelle e scala: eppure era sempre il passaggio in un altro mondo, nel «nostro» mondo. Il corridoio sapeva di pietra, era alto e buio; la scala laggiù in fondo portava da quella buia frescura verso la luce e la comodità. Permaneva però quel primo corridoio e quella prima oscurità: qualcosa di paterno, che aveva a che fare con la dignità e il potere, con le punizioni e la coscienza sporca. Mille volte l'ho attraversato ridendo. Qualche volta, però, si entrava e ci si sentiva subito piccoli e oppressi, si aveva paura e si cercava quella scala liberatrice.

Un giorno, all'età di undici anni, tornai a casa da scuola; era uno di quei giorni in cui il destino è appostato dietro l'angolo, in cui è facile che accada qualcosa. In quei giorni sembra che ogni disordine e turbamento della propria anima si rifletta nel mondo circostante, deformandolo. Disagio e angoscia opprimono il nostro cuore, e noi cerchiamo e troviamo le loro presunte cause al di fuori di noi, il mondo ci sembra fatto male e, dappertutto, sbattiamo contro qualche ostacolo.

Lo stesso accadde quel giorno. Sin dall'inizio mi sentii oppresso — chissà perché? forse per i sogni della notte — dalla sensazione di avere la coscienza sporca, per quanto non avessi commesso niente di particolare. Sul viso di mio padre, quella mattina, c'era un'espressione sofferente e carica di rimprovero, il latte della colazione mi era parso tiepido e insapore. A scuola non era successo niente di disastroso, ma tutto mi era sembrato anche lì sconsolato, morto e scoraggiante, dando luogo a quella sensazione di impotenza e di disperazione, a me già ben nota, che ci dice che il tempo è infinito, che noi rimarremo in eterno in quell'orribile scuola puzzolente, perpetuamente piccoli e impotenti, anno dopo anno, e che tutta la vita è insensata e ripugnante.

Quel giorno avevo litigato anche col mio amico del momento. Avevo fatto da poco amicizia con Oskar Weber, figlio di un conducente di locomotive, senza sapere esattamente che cosa mi spingesse verso di lui. Di recente si era vantato che suo padre guadagnasse sette marchi al giorno, ed io avevo replicato, tirando a indovinare, che il mio ne guadagnava quattordici. Quel suo farsi zittire senza avanzare obiezioni era stato l'inizio della faccenda. Qualche giorno dopo avevo fondato, insieme con Weber, una banda, istituendo una cassa comune con la quale, in seguito, avremmo comperato una pistola. La pistola era nella vetrina di un ferramenta, una grande arma con due canne di acciaio, azzurrognole. E Weber aveva calcolato che, risparmiando davvero, non ci sarebbe voluto poi tanto per acquistarla. I soldi c'erano sempre, gli davano spesso un decino per le commissioni o, comunque, una mancia; e qualche volta per strada si trovavano soldi, oppure oggetti aventi un valore economico, come ferri di cavallo, pezzi di piombo ed altre cose che si vendevano bene. Aveva anche subito dato un decino per la nostra cassa, convincendomi subito e facendomi sembrare tutto il nostro piano fattibile e promettente.

Quel giorno, quando entrai nel corridoio di casa nostra e, nell'aria fresca del corridoio, alitarono verso di me migliaia di cose e di ordini cosmici, spiacevoli e odiosi, stavo pensando ad Oskar Weber. Sentivo che non gli volevo bene, anche se il suo volto bonario, che mi ricordava quello di una lavandaia, mi era simpatico. A spingermi verso di lui non era la sua persona, ma qualcos'altro, forse il suo ceto: era una cosa che aveva in comune con quasi tutti i ragazzi del suo genere e della sua estrazione: un'arte di vivere un po' sfacciata, una robusta corazza contro pericoli e umiliazioni, una certa familiarità con le piccole evenienze pratiche della vita, con soldi, botteghe e officine, mercanzie e prezzi, cucina e biancheria e cose simili. I ragazzi come Weber, che sembravano non soffrire per le batoste prese a scuola ed erano parenti e amici di servi, vetturini ed operaie, avevano nel mondo una posizione diversa dalla mia, più sicura: erano già cresciuti, sapevano quanto guadagnasse il loro papà e, indubbiamente, sapevano molte altre cose di cui io ero completamente inesperto. Ridevano per espressioni e battute che io non capivo. Sapevano inoltre ridere in un modo che a me era negato, in un modo sporco e rozzo, ma innegabilmente adulto e «virile». Non serviva a niente essere più intelligenti di loro ed essere più bravi a scuola. Non serviva a niente essere meglio vestiti, lavati e pettinati di loro. Al contrario, questa diversità tornava a loro favore. Nel «mondo» che mi fluttuava davanti, immerso in un crepuscolare alone d'avventura, i ragazzi come Weber riuscivano, mi pareva, ad entrare senza difficoltà, mentre per me quel «mondo» rimaneva irrimediabilmente sbarrato e per espugnare le sue porte si doveva, all'infinito e con grande fatica, crescere, andare a scuola, sostenere esami ed essere educati. Era naturale che quei ragazzi trovassero anche ferri di cavallo, denaro e pezzi di piombo per strada, fossero pagati per le loro commissioni, ricevessero nelle botteghe regali d'ogni genere e prosperassero in tutti i modi.

Sentivo oscuramente che la mia amicizia per Weber e per la sua cassa altro non era che un desiderio selvaggio e struggente di quel «mondo». In Weber, niente mi piaceva di più che quel mistero in forza del quale lui era più vicino di me agli adulti, viveva in un mondo più disvelato, nudo e vigoroso di me, con tutti i miei sogni e i miei desideri. E io sentivo in anticipo che mi avrebbe deluso, che non sarei riuscito a strappargli il suo segreto, la chiave magica della vita.

Ci eravamo appena lasciati, ed io sapevo che quel ragazzo grande e grosso stava andando a casa fischiettando soddisfatto, senza struggimento alcuno, o presago turbamento. Se incontrava servette ed operai e li vedeva condurre la loro vita enigmatica, forse straordinaria, forse criminale, questo per lui non costituiva un enigma o un immenso segreto, non era un pericolo, un'esperienza selvaggia o emozionante, ma una cosa naturale, conosciuta e familiare, come l'acqua per le anatre. Ed era proprio così. Davanti a lui mi sentivo sempre emarginato, solo e insicuro, carico di presagi, ma senza certezze.

E soprattutto quel giorno la vita aveva nuovamente un sapore disperatamente scialbo e sembrava fosse lunedì, per quanto fosse sabato: c'era odore di lunedì, quel giorno tre volte più lungo e più squallido degli altri giorni. Dannata e ripugnante era quella vita, menzognera e nauseabonda. Gli adulti si comportavano come se il mondo fosse stato perfetto ed essi stessi semidei, mentre noi ragazzi non eravamo nient'altro che feccia. Questi insegnanti...! Si nutrivano grandi aspirazioni e ambizioni, ci si slanciava onestamente, appassionatamente verso il bene, si trattasse di imparare i verbi irregolari greci o di tener puliti i propri abiti, dell'ubbidienza ai genitori o della eroica, silenziosa sopportazione di ogni dolore e umiliazione; sì, sempre più ci si innalzava, ardenti e devoti, per dedicarsi a Dio e percorrere il sentiero ideale, puro e nobile che conduceva in alto, esercitare la virtù, tollerare silenziosamente il male, aiutare gli altri... ahimè, e sempre più rimanevano slanci, tentativi, un fugace frullar d'ali! Accadeva sempre, dopo qualche giorno o anche dopo qualche ora, quel che non sarebbe dovuto accadere, qualcosa di miserevole, di conturbante e di vergognoso. Si cadeva sempre, nel mezzo delle decisioni e dei voti più risoluti e più nobili, nel peccato e nelle birbonate, nel quotidiano e nella grossolanità! Perché si doveva riconoscere così bene e profondamente la bellezza e la giustizia dei buoni propositi e invece sentire, in fondo al cuore, che tutta la vita (ivi compresi gli adulti), sprofondava nella grossolanità e, dappertutto, cercava di far trionfare quel che era misero e meschino? Come poteva essere che la mattina, in ginocchio nel letto, o la sera, davanti a una candela accesa, si stringesse una sacra alleanza con quanto era buono e luminoso, si invocasse Dio e si dichiarasse guerra per sempre a ogni vizio... e poi, magari soltanto due ore dopo, si potesse perpetrare a quello stesso sacro proposito il più miserevole dei tradimenti, fosse anche soltanto perché ci si univa a una seducente risata o si prestava ascolto a una stupida barzelletta da scolaretti? Perché era così? Per gli altri era diverso? Gli eroi, i romani e i greci, i cavalieri, i primi cristiani: tutti costoro erano forse d'un altro stampo rispetto a me, migliori, più perfetti, senza cattivi istinti, dotati di un qualche organo che a me mancava, che impediva loro di ricadere in continuazione dal cielo nel quotidiano, dal sublime nel miserevole e nell'insufficiente? Quegli eroi e quei santi erano immuni dal peccato originale? Quel che era santo e nobile era forse accessibile soltanto a pochi, rari eletti? Ma perché anche in me, se dunque non facevo parte degli eletti, era innato quell'istinto verso quanto era bello e nobile, questo trepidante desiderio, selvaggio e struggente, di purezza, bontà, virtù? Era forse una beffa? Era possibile nel mondo di Dio che una persona, un ragazzo, avesse in sé tutti gli istinti più elevati e più malvagi al tempo stesso e dovesse soffrire e disperare, risultando così una figura infelice e comica, per compiacere il Dio che stava a guardare? Era mai possibile? Era forse... sì, non era forse tutto il mondo una beffa diabolica, da prendere a sputi? E Dio non era uno spauracchio, un folle, uno stupido buffone ripugnante?... E mentre avvertivo fugacemente il piacere della rivolta, il mio cuore già oppresso mi punì, facendomi tremare per questi pensieri blasfemi!

Con quale chiarezza rivedo davanti a me, dopo trent'anni, quella scala, con le alte finestre cieche che davano sul contiguo muro dei vicini e da cui filtrava pochissima luce, con i gradini, alzate comprese, ormai bianchi da quanto erano consunti, e i corrimano di legno duro lucidati dalle mie mille discese sibilanti! Per quanto lontana mi sembri l'infanzia e, in tutto e per tutto, incomprensibile e favolosa, tuttavia ricordo esattamente come già allora, nel mezzo di quella felicità, ci fossero in me sofferenze e dissidi. Quei sentimenti erano allora, nel mio cuore di bambino, esattamente come rimangono per sempre: dubbi sul proprio valore, oscillazioni tra autostima e scoraggiamento, tra un idealismo che disprezza il mondo e un ordinario piacere sensuale... e come allora, altre cento volte, in seguito, ho visto in queste mie caratteristiche ora una spregevole malattia, ora un segno di distinzione, ho talvolta l'impressione che Dio mi voglia condurre, su questa strada straziante, verso un isolamento e un approfondimento particolari, e talaltra, di nuovo, mi sembra di rinvenire in tutto ciò soltanto i segni di una misera debolezza di carattere, di una nevrosi come quelle che migliaia di uomini, faticosamente, si trascinano dietro per tutta la vita.

Se cerco di ricondurre tutte queste sensazioni dolorosamente contrastanti ad un'unica sensazione di base, e di definirle con un unico nome, potrei chiamarle soltanto angoscia. Era angoscia, angoscia e insicurezza, quello che provavo in quei momenti di turbata felicità infantile: avevo paura delle punizioni, paura della mia coscienza, paura di quei moti del mio animo che avvertivo come proibiti e criminali.

E anche nel momento di cui sto narrando, mentre sulla scala che si faceva sempre più chiara mi avvicinavo alla porta di vetro, fui nuovamente assalito da questo senso di angoscia. Cominciò con un'oppressione al basso ventre che mi salì fino alla gola, provocandomi una sensazione di soffocamento, o di nausea. In quei momenti provavo sempre, al contempo, un senso di fastidioso disagio, di sfiducia nei confronti di qualsiasi osservatore: l'impulso di andarmi a nascondere e di stare solo.

In preda a questa spiacevole, maledetta sensazione, come devono provarne i criminali, attraversai il corridoio e arrivai in sala. Sentivo che quel giorno ci aveva messo lo zampino il diavolo, che sarebbe successo qualcosa. Lo sentivo come un barometro registra un cambiamento di pressione atmosferica, con una irrimediabile passività. Ah, c'era di nuovo, quella cosa indicibile! Il demonio si aggirava per la casa, il peccato originale mi corrodeva il cuore, gigantesco e invisibile si ergeva dietro ogni parete uno spirito, che era padre e giudice.

Non sapevo ancora niente, erano meri presagi, presentimenti, un disagio corrosivo. In quei casi la tattica migliore era in genere quella di ammalarsi, vomitare e mettersi a letto. Qualche volta ne uscivi indenne: venivano la mamma o la sorella a portarti una tazza di tè e ti sentivi circondato da amorevole sollecitudine, potevi piangere o addormentarti e risvegliarti poi in un mondo completamente trasformato, redento e luminoso.

La mamma non era in sala, e in cucina c'era solo la domestica. Decisi di salire da papà, per la ripida scaletta che portava al suo studio. Anche se ne avevo timore, mi rivolgevo volentieri a lui, che pure aveva tanto da perdonarmi. Con la mamma era più semplice e facile trovare conforto: con papà, però, quel conforto era più prezioso, significava far la pace con la coscienza giudicante, una riconciliazione e una nuova alleanza con le potenze positive. Dopo scenate, ispezioni, concessioni e punizioni, dallo studio di papà ero spesso uscito sentendomi puro e buono, magari ammonito e punito, ma sempre pieno di nuovi propositi, corroborato dall'alleanza con un potente contro il male che mi era ostile. Decisi di cercare papà e di dirgli che stavo male.

E così salii la scaletta che conduceva al suo studio. Quella scaletta, col suo strano odore di carta da parati e il suono secco dei gradini di legno, leggeri e cavi, costituiva, infinitamente di più del corridoio dabbasso, una strada importante, la porta del destino; molte faccende importanti mi avevano condotto su quei gradini, cento volte l'avevo salita trascinandovi la mia angoscia, lo strazio della mia coscienza, e non di rado l'avevo ridiscesa sentendomi redento, con una sicurezza nuova. La nostra abitazione, di sotto, era la casa di mamma e bambini, vi alitava un'aria innocua; lassù invece abitavano spirito e potenza, quello era un tempio e un tribunale: il «regno del padre».

Trepidante come sempre abbassai l'antiquata maniglia e aprii leggermente la porta. Fui investito dal ben noto odore dello studio di papà: un profumo di libri e di inchiostro, appena diluito nell'aria azzurra della finestra semiaperta; tende bianche immacolate, una lieve fragranza di acqua di Colonia e, sulla scrivania, una mela. Ma la stanza era vuota.

In parte deluso e in parte sollevato, entrai. Attutii il mio passo, camminando in punta di piedi, come ci dicevano di fare quando papà dormiva o aveva mal di testa. Non appena ebbi coscienza di questo fatto, il cuore cominciò a battermi forte e avvertii, intensificato, quell'angoscioso senso di oppressione alla gola e al basso ventre. Avanzai, strisciando spaventato, un passo dopo l'altro: e non ero già più un innocuo visitatore o postulante, ma un intruso. Altre volte mi ero intrufolato di nascosto, in sua assenza, nello studio di papà, avevo spiato e studiato il suo regno segreto e, in due casi, vi avevo anche trafugato qualcosa.

Subito mi assalì quel ricordo, e all'istante io seppi: ecco la disgrazia, ora sarebbe successo qualcosa, ora avrei fatto qualcosa di proibito e di cattivo. Non c'era da pensare alla fuga! O meglio, ci pensai, pensai ardentemente e struggentemente a correre via, giù per le scale e poi nella mia cameretta, o in giardino... ma sapevo che non l'avrei fatto, che non lo potevo fare. Dentro di me desideravo che mio padre fosse nella stanza accanto, che entrasse e infrangesse quell'orrendo incantesimo che, diabolicamente, mi attraeva e mi teneva avvinto. Se fosse venuto! Se solo fosse venuto, magari a rimproverarmi, prima che fosse stato troppo tardi!

Tossicchiai, per annunciare la mia presenza; non ottenendo risposta chiamai piano: «Papà!». Completo silenzio: alle pareti tacevano i molti libri e un battente della finestra si muoveva al vento, proiettando sul pavimento un brusco riflesso di sole. Nessuno veniva a salvarmi e, dentro di me, non ero libero di fare nient'altro se non la volontà del demonio. Mi sentii un criminale, e mi vennero i crampi allo stomaco e i brividi alle mani, mentre il cuore mi batteva all'impazzata. Non sapevo assolutamente che cosa avrei fatto: sapevo soltanto che sarebbe stata una cosa brutta.

Ero ormai alla scrivania, presi in mano un libro e lessi un titolo inglese, che non capii. Lo odiavo, l'inglese: papà e mamma lo parlavano sempre quando non volevano che capissimo, ed anche quando litigavano. In una cestina c'erano paccottiglie d'ogni genere, stuzzicadenti, molle d'acciaio, spilli. Presi due molle d'acciaio e me le infilai in tasca, Dio solo sa perché, non ne avevo bisogno e le molle d'acciaio non mi mancavano certo. Lo feci unicamente per seguire un impulso che quasi mi aveva soffocato, l'impulso di fare del male, di danneggiarmi, di gravarmi di una colpa. Rovistai tra le carte di mio padre, e vi trovai una lettera iniziata, in cui lessi le parole: «Noi e i bambini, grazie a Dio, stiamo bene», e le lettere latine della sua calligrafia mi guardavano come se fossero state occhi.

Poi, quatto quatto, andai nella sua camera da letto, dove si trovava la branda di ferro di papà, con sotto le sue pantofole marroni; sul comodino era appoggiato un fazzoletto. In quella stanza fresca e chiara respirai l'aria paterna e davanti a me si alzò, chiarissima, l'immagine di mio padre, suscitando nel mio cuore oppresso timore e ribellione. Per qualche istante lo odiai e ricordai, con quella cattiveria che gode del male altrui, i momenti in cui se ne stava sdraiato su quella bassa branda in preda a un attacco di emicrania, con una pezzola bagnata sulla fronte e gli arti completamente distesi, talvolta sospirando. Io avvertivo allora che anche lui, il potente, non aveva una vita facile; che anche a lui, con tutta la sua dignità, non erano sconosciuti le apprensioni e i dubbi su se stesso. E il mio strano odio si era già dissolto, seguito da pietà e commozione. Ma nel frattempo avevo aperto un cassetto del suo comodino. C'era un po' di biancheria, piegata, e un flacone di acqua di Colonia, che gli piaceva molto; volevo annusarla, ma il flacone non era ancora stato aperto ed era ben tappato, per cui lo rimisi a posto. Accanto trovai una scatolina tonda con alcune pastigliette che sapevano di liquirizia, e me ne misi una in bocca. Un po' deluso e come rinsavito, fui lieto di non aver trovato e preso niente di più.

Ormai deciso a rinunciare e desistere, aprii per gioco un altro cassetto, un po' sollevato; mi ero riproposto di rimettere al loro posto le due molle d'acciaio che avevo trafugato. Forse il ritorno e il pentimento, la riparazione e la redenzione erano possibili. Forse la mano di Dio sopra di me era più forte di ogni tentazione...

Allora gettai uno sguardo frettoloso nel cassetto appena aperto. Ah, se ci fossero state calze o camicie o giornali vecchi! Invece c'era la tentazione e, nel giro di un secondo, ritornarono quel crampo appena allentato e l'angoscioso incantesimo, le mie mani si misero a tremare e il mio cuore a battere furiosamente. Avevo visto, in un cestino di rafia intrecciata, indiano o comunque esotico, una cosa affascinante e sorprendente, tutta una corona di fichi secchi ricoperti di zucchero bianco!

La presi in mano, era stranamente pesante. Poi ne tolsi due o tre fichi; me ne infilai uno in bocca e gli altri in tasca. Tutta la mia angoscia e la mia avventura non erano state inutili. Se non potevo portar via da quel luogo redenzione e conforto, almeno non ne sarei uscito a mani vuote. Tolsi da quell'anello, che non per questo si alleggerì, altri tre o quattro fichi, e poi altri ancora; e quando me ne fui empito le tasche, tanto che più della metà di quella corona era scomparsa, distanziai i fichi rimasti su quell'anello un po' colloso, in modo che si avesse l'impressione che ne mancassero meno. Poi, in preda a un improvviso terrore, chiusi con irruenza le imposte e corsi via, attraversai le due stanze, scesi le scale e mi precipitai nella mia cameretta, dove mi appoggiai al mio piccolo leggio, con le ginocchia che mi tremavano e il respiro ansante.

Poco dopo squillò la campanella che ci chiamava a tavola. Con la testa vuota, deluso e nauseato, cacciai i fichi nella mia libreria, li nascosi dietro i libri e andai a tavola. Davanti alla porta della sala da pranzo mi accorsi che avevo le mani incollate. Andai a lavarmele in cucina. In sala da pranzo mi stavano già tutti aspettando. Detti velocemente il buon giorno, mio padre recitò la preghiera ed io mi chinai sulla mia minestra. Non avevo fame, ogni boccone mi faceva fatica. Accanto a me, davanti ai nostri genitori, erano sedute le mie sorelle, limpide e allegre e onorevoli; io ero, tra loro, l'unico miserabile delinquente, solo e indegno; avevo ancora in bocca il sapore dei fichi e temevo ogni sguardo gentile. Avevo chiuso, di sopra, la porta della camera da letto? E il cassetto?

Ecco il guaio. Mi sarei fatto tagliare una mano se, così, fosse stato possibile far tornare i miei fichi nel comodino. Decisi di buttarli via, di portarmeli a scuola e regalarli. Che se ne andassero, che non fossi più costretto a vederli!

«Hai una brutta cera, oggi», disse mio padre dall'altra parte del tavolo. Io guardai il mio piatto e sentii il suo sguardo sul mio volto. Se ne sarebbe accorto. Si accorgeva sempre di tutto. Perché doveva tormentarmi in anticipo? Avrei preferito che mi portasse subito via e mi picchiasse a morte.

«Ti manca qualcosa?», sentii dire la sua voce. Mentii, e dissi che avevo mal di testa.

«Dopo mangiato vai a sdraiarti un po'», mi disse. «Quante ore avete, oggi pomeriggio?»

«Solo ginnastica.»

«Be', un po' di ginnastica non ti farà certo male. Ma mangia, fai un piccolo sforzo! Passerà.»

Guardai di sottecchi. La mamma non diceva niente, ma io sapevo che mi stava osservando. Trangugiai la mia minestra, lottai con la carne e le verdure, mi versai due volte l'acqua. Mi lasciarono in pace. Quando, alla fine, mio padre recitò la preghiera di ringraziamento: «Signore, ti ringraziamo perché ci sei amico e la tua bontà dura in eterno», di nuovo un taglio netto mi separò da quelle parole limpide, sacre e fiduciose e da tutti coloro che sedevano a quella tavola: le mie mani giunte erano una menzogna e il mio raccoglimento una bestemmia.

Quando mi alzai, la mamma mi carezzò i capelli e mi lasciò per un istante la mano sulla fronte, per sentire se era calda. Com'era amaro tutto ciò!

Mi ritrovai nella mia cameretta, davanti allo scaffale dei libri. La mattina non aveva mentito, i suoi segni erano veritieri. Era stato un giorno disgraziato, il peggiore che mi fosse capitato. Un essere umano non poteva sopportare di peggio. Se capitava qualcosa di peggio, c'era da togliersi la vita. Occorreva un po' di veleno, era la soluzione migliore, oppure ci si poteva impiccare. Comunque essere morti era meglio che vivere. Era tutto così falso e brutto. Ero là in piedi e, mentre riflettevo, afferrai sbadatamente uno di quei fichi e lo mangiai, uno e poi anche altri, senza rendermene conto.

Mi cadde sott'occhio la nostra cassa comune, era sul bordo, sotto il libro. Era una scatola di sigari che avevo ben inchiodato; sul coperchio avevo praticato, col mio coltellino, un bel taglio per poterci infilare i soldi. Era stata fatta malamente e rozzamente, quella fessura, si potevano vedere le schegge. Anche quello non mi riusciva. Alcuni dei miei compagni avrebbero fatto, con fatica e pazienza, un lavoro impeccabile, che sarebbe sembrato opera di un falegname. I miei lavori, invece, erano sempre approssimativi: andavo di fretta e non li rifinivo mai per benino. Questo valeva per quando intagliavo il legno, per quando scrivevo e per quando disegnavo; così era per la mia collezione di farfalle e per tutto il resto. Non c'era niente da fare. E ora ero lì, e avevo di nuovo rubato, peggio che mai. Avevo ancora in tasca le due molle d'acciaio. A qual fine? Perché le avevo prese... perché avevo dovuto prenderle? Perché si dovevano fare cose che non si volevano affatto?

Nella scatola dei sigari tintinnava una sola monetina, il decino di Oskar Weber. Da allora non si era aggiunto niente. Anche la storia della cassa comune non era che una delle mie imprese! Tutto quello che iniziavo non riusciva, tutto falliva e si impantanava fin da principio! Che se la prendesse il diavolo, quell'assurda cassa comune! Io non volevo più saperne.

Nelle giornate come quella il tempo tra il pranzo e l'inizio delle lezioni era sempre increscioso, e sembrava non passare mai. Nelle giornate positive era un'ora bella e desiderata; allora me ne andavo in camera mia a leggere un libro di avventure oppure, dopo mangiato, correvo subito nella piazza davanti alla scuola, dove incontravo sempre alcuni compagni in cerca di divertimenti, e allora giocavamo, gridavamo e correvamo, tutti accaldati, finché il suono della campanella non ci richiamava in quella «realtà» che avevamo completamente dimenticato. In un giorno come quello, però, come si faceva a giocare, a far tacere il diavolo che si aveva in corpo? Lo vedevo avvicinarsi: magari non il giorno stesso, ma la volta successiva, forse presto. Allora il mio destino si sarebbe compiuto. Mancava ancora pochissimo, un briciolo di angoscia e di dolore e di sconforto in più, e allora si sarebbe compiuto, in modo terribile. Un giorno, proprio in un giorno come quello, sarei completamente sprofondato nel male e poi, in preda all'ostinazione e alla collera, avrei fatto, contro l'assurda insopportabilità di questa vita, qualcosa di orribile e di decisivo, ma anche di liberatorio, che ponesse fine per sempre all'angoscia e ai tormenti. Non sapevo che cosa sarebbe stato, ma già diverse volte mi erano passate per la testa, a questo proposito, fantasie e temporanee ossessioni, avevo immaginato i delitti coi quali mi sarei vendicato del mondo e, al tempo stesso, avrei sacrificato e annientato me stesso. Talvolta provavo l'impulso di dar fuoco alla nostra casa: fiamme immense divampavano nella notte con le loro lingue di fuoco; l'incendio si propagava a case e strade e tutta la città ardeva stagliandosi enorme contro il cielo nero. O, in altri momenti, il delitto dei miei sogni era una vendetta contro mio padre, un orribile assassinio, un omicidio volontario. Allora mi sarei comportato come quel criminale, l'unico vero criminale che avessi visto passare per le strade della nostra città. Era uno scassinatore, l'avevano preso e lo stavano conducendo verso il tribunale distrettuale, con le manette ai polsi e un cappello a melone in testa, un gendarme davanti e uno dietro. Quell'uomo, che camminava per strada circondato da un enorme afflusso di curiosi, fatto oggetto di migliaia di imprecazioni, battute malvagie e maledizioni gridate a voce alta, quell'uomo, dicevo, non era affatto simile a quei poveri diavoli tremebondi che ogni tanto si vedevano per strada, accompagnati da un poliziotto, e che perlopiù erano soltanto poveri garzoni artigiani che avevano chiesto l'elemosina. No, costui non era un garzone di bottega e non aveva un aspetto insicuro, timido o piagnucoloso, né si rifugiava in una stupida smorfia di imbarazzo, come avevo già visto fare: quello era un vero criminale e portava arditamente il suo cappello un po' ammaccato su una testa caparbia e non piegata; era pallido e sorrideva colmo di disprezzo, e il popolo che lo ingiuriava e gli sputava addosso diventava, accanto a lui, feccia e gentaglia. Anch'io avevo gridato, in quella occasione «Alla forca, alla forca!»; ma poi notai il suo incedere eretto e superbo, il modo in cui teneva davanti a sé le mani ammanettate e in cui portava sulla sua testa dura e cattiva quel cappello, quasi una corona — e il modo in cui sorrideva! — così tacqui. Come quel criminale, anch'io avrei sorriso e tenuto la testa alta, quando mi avrebbero condotto in tribunale e poi al patibolo; e quando la gente si fosse accalcata intorno a me per schernirmi, non avrei detto né sì né no e mi sarei limitato a tacere, colmo di disprezzo.

E quando, una volta condannato e morto, fossi giunto in cielo, davanti al giudice eterno, non mi sarei assolutamente piegato e sottomesso. Oh, no, e quando le schiere di angeli lo avessero circondato e da lui si fossero irradiate santità e dignità! Che mi maledicesse, che mi condannasse all'infelicità eterna! Non intendevo scusarmi, umiliarmi, chiedergli perdono, pentirmi! Se mi avesse chiesto: «Hai fatto questo e quest'altro?», avrei gridato: «Certo che l'ho fatto, e anche di più, e se potessi lo rifarei, tal quale. Ho ucciso e ho appiccato incendi perché mi piaceva, perché volevo schernirti e farti incollerire. Sì, perché ti odio, sputo davanti ai tuoi piedi, Dio. Mi hai tormentato e scorticato vivo, hai stabilito leggi che nessuno è in grado di rispettare, hai istigato gli adulti a rovinare la vita di noi ragazzi».

Quando riuscivo a immaginarlo con perfetta chiarezza e a credere fermamente che sarei stato capace di comportarmi e parlare esattamente così, allora godevo per qualche istante di un fosco benessere. Ma subito tornavano i dubbi. Non avrei mostrato debolezze, non mi sarei demoralizzato, non avrei comunque ceduto? Oppure, se anche fossi riuscito a realizzare la mia caparbia volontà, non è che Dio avrebbe trovato una via d'uscita, un privilegio, un trucco, come gli adulti e i potenti riescono sempre a fare, riscuotendo alla fine sempre un successo, svergognandoti, non prendendoti sul serio e anche, dietro la maledetta maschera della benevolenza, umiliandoti? Certo che sarebbe finita così.

Le mie fantasie andavano avanti e indietro; facevano vincere ora me, ora Dio, mi esaltavano quale criminale inflessibile e mi mortificavano quale bimbetto deboluccio.

Ero alla finestra e guardavo nel cortiletto posteriore del vicino, al cui muro erano appoggiate alcune sbarre per impalcature; in un minuscolo orticello verdeggiavano alcune aiole coltivate a verdura. All'improvviso, nel silenzio del pomeriggio, udii risuonare, freddo e concreto in mezzo alle miei visioni, un rintocco chiaro e forte, e poi un altro ancora. Erano le due e, terrorizzato, tornai alla realtà dai miei sogni angosciosi. Stava cominciando l'ora di ginnastica e, anche se mi fossi precipitato in palestra volando su ali magiche, sarei comunque arrivato tardi. Di nuovo sfortuna! Dopodomani ci sarebbero stati un richiamo, parole di biasimo e una punizione. Meglio non andare, tanto ormai non c'era niente da fare. Forse con una buona scusa, elegante e credibile... ma in quel momento non me ne veniva in mente nessuna, per quanto i nostri insegnanti ci avessero educati egregiamente alla menzogna: in quel momento non ero in grado di mentire, di inventare, di ricostruire. Era meglio saltare completamente l'ora. Che importava se, a una grossa disgrazia, se ne fosse aggiunta una piccina!

Ma quel rintocco mi aveva svegliato e paralizzato i miei giochi fantastici. Mi sentii all'improvviso molto debole, da una realtà intensificata la mia camera mi guardava, leggio, quadri, letto, libreria, tutto carico di una realtà pregnante, tutti richiami dal mondo in cui si doveva vivere e che quel giorno, di nuovo, era diventato per me così ostile e pericoloso. Perché? Non ero mancato alla lezione di ginnastica? E non avevo rubato, disgraziatamente rubato, e nascosto i fichi nello scaffale, fino a mangiarmeli tutti? Che mi importava del criminale, del buon Dio e del giudizio universale? Ci sarebbe stato tutto, a suo tempo: ma adesso, adesso poteva essere scoperto il mio delitto. Forse era già successo, forse mio padre, di sopra, aveva già aperto il cassetto e si trovava di fronte al mio misfatto, offeso e adirato, e rifletteva sul modo migliore di mettermi sotto processo. Ah, forse stava già venendo da me e, se non fossi fuggito all'istante, un minuto dopo mi sarei trovato davanti il suo volto grave e occhialuto. Perché, naturalmente, avrebbe saputo subito che il ladro ero io. In casa nostra non c'erano altri criminali che me, le mie sorelle non facevano mai di quelle cose, sa Iddio perché. Ma perché mai mio padre doveva tenere nascosta nel suo comodino una simile corona di fichi?

Avevo già lasciato la mia cameretta e raggiunto il giardino, passando dalla porta sul retro. Campi e giardini erano inondati di sole, sulla strada svolazzavano le cedroncelle. Tutto sembrava brutto e minaccioso, molto più brutto della mattina. Oh, lo sapevo già, eppure credevo di non averlo mai avvertito in modo così straziante come in quel momento: come tutto, nella sua naturalezza e con la coscienza a posto, mi guardasse, città e campanile, campi e strada, fiori dei campi e farfalle, e come tutte le cose belle e allegre che normalmente ci danno gioia mi sembrassero, allora, estranee e stregate! Lo sapevo, sapevo che sapore ha aggirarsi per un ambiente familiare con la coscienza angosciata! Adesso su quei campi poteva svolazzare la farfalla più rara e posarsi davanti ai miei piedi: non era niente, non mi dava gioia, non mi affascinava, non mi consolava. Adesso poteva offrirmi i suoi rami il più bell'albero di ciliege: non aveva valore, non mi dava felicità. L'unica cosa era fuggire, da mio padre, dalla punizione, da me stesso, dalla mia coscienza, fuggire incessantemente, finché non fosse comunque arrivato, inesorabile e ineluttabile, quanto doveva arrivare.

Corsi incessantemente, risalii la montagna, fino al bosco, e dall'Eichenberg discesi verso il mulino, attraversai il ponticello e poi di nuovo risalii la montagna e mi inoltrai nel bosco. Là avevamo fatto il nostro ultimo accampamento indiano e l'anno precedente, quando mio padre era in viaggio, là avevamo festeggiato la Pasqua, con la mamma, che ci aveva nascosto le uova di Pasqua nel bosco, tra il muschio. Là una volta, durante le vacanze, avevo costruito con i miei cugini una fortezza; ce n'era metà ancora in piedi. Dappertutto resti di qualche esperienza, dappertutto specchi dai quali mi guardava una persona diversa da quella che io ero quel giorno! Ero stato tutto ciò? Così allegro, così contento, così grato, così di compagnia, così dolce con la mamma, così senza angosce, così incomprensibilmente felice? Lo ero stato? E come ero potuto diventare così, così malvagio, così colmo di angoscia, così devastato? Avrei più riso in quel modo, avrei più giocato con le mie sorelle, più cercato le uova di Pasqua?

Corsi e corsi ancora, con la fronte imperlata di sudore, e dietro di me camminava la mia colpa e camminava, mostruosa, l'ombra di mio padre, il persecutore.

E davanti a me passavano i viali e digradavano i boschi. Mi fermai su una collina, a una certa distanza dalla strada; mi gettai sull'erba col batticuore, che poteva venire anche dall'aver scalato di corsa la montagna e che, forse, sarebbe cessato. Sotto di me vedevo fiume e città, vidi la palestra in cui era appena finita la lezione e dalla quale uscivano i ragazzi, vidi il tetto oblungo della nostra casa. Là c'erano la camera di mio padre e il cassetto dal quale mancavano i fichi. Là c'era la mia cameretta. Là, quando fossi tornato, mi aspettava il tribunale... E se non fossi tornato?

Sapevo che sarei tornato. Si torna sempre. Finisce sempre così. Non si poteva andar via, non si poteva fuggire in Africa, o a Berlino. Eravamo piccoli, non avevamo soldi, nessuno ci avrebbe aiutati. Ah, se tutti i bimbi si fossero uniti e aiutati scambievolmente! Eravamo molti, c'erano più bimbi che genitori. Ma non tutti i bimbi erano ladri e delinquenti. Pochi erano come me. Forse ero l'unico. Ma no, lo sapevo, succedevano spesso cose come le mie: anche un mio zio, da ragazzo, aveva rubato e ne aveva combinate tante, lo avevo scoperto ascoltando di nascosto i discorsi dei miei genitori, come si scoprono, del resto, tutte le cose interessanti. Ma non mi era di nessun aiuto e, anche se ci fosse stato quello zio, non avrebbe potuto aiutarmi nemmeno lui! Era ormai grande e cresciuto, era un pastore, si sarebbe schierato dalla parte dei grandi e mi avrebbe piantato in asso. Erano tutti così. Contro noi bambini erano tutti falsi e menzogneri, recitavano un ruolo, si mostravano diversi da quel che erano. La mamma forse no, o meno.

Già, e se non fossi più tornato a casa? Poteva sempre succedermi qualcosa: potevo rompermi il collo o annegare o finire sotto il treno. Allora le cose avrebbero preso tutt'altra piega. Allora mi avrebbero portato a casa, e ci sarebbero stati un gran silenzio e spavento e pianti; tutti ne avrebbero sofferto e dei fichi non si sarebbe parlato più. Sapevo benissimo che ci si può togliere la vita. Pensavo anche che l'avrei fatto, in seguito, quando le cose fossero andate davvero male. L'ideale sarebbe stato ammalarsi, ma non una banale tosse, una malattia davvero mortale, come quando avevo preso la scarlattina.

Ormai la lezione di ginnastica era finita da tempo, ed era passata anche l'ora in cui, a casa, mi aspettavano per la merenda. Forse mi stavano chiamando e cercando, in camera mia, in giardino e in cortile, in soffitta. Ma se mio padre aveva già scoperto il mio furto non mi cercavano: sapevano il perché.

Non potevo rimanere ancora sdraiato. Il destino non mi dimenticava, era dietro di me. Ripresi a correre. Passai davanti a una panchina, nel parco, che risvegliò in me un ricordo: ancora una volta, da bello e gradito che era stato, bruciava adesso come il fuoco. Mio padre mi aveva regalato un coltellino, eravamo andati a fare una passeggiata, allegri e in piena armonia, e lui si era seduto su quella panchina mentre io volevo tagliarmi una verga di nocciolo, nella macchia. Infervorato com'ero, avevo rotto il coltellino nuovo, vicino al manico, e tornai indietro sconvolto; volevo nasconderlo, ma subito mi furono poste domande in proposito. Ero molto infelice, per via del coltello e perché mi aspettavo parole di rimprovero. Ma mio padre aveva sorriso e mi aveva sfiorato appena le spalle, dicendo: «Che peccato, ragazzo mio!». Come l'avevo amato, quanto gli avevo chiesto perdono, dentro di me! E ora, se pensavo al volto di mio padre in quel momento, alla sua voce, alla sua pietà... che mostro ero a turbare e ingannare tanto spesso quel padre, arrivando, come quel giorno, persino a derubarlo!

Quando fui di nuovo in città, vicino al ponte superiore e piuttosto lontano da casa nostra, stava già scendendo la sera. Da una bottega dietro la cui porta di vetro si vedeva già ardere un lume uscì di corsa un ragazzo, che all'improvviso si fermò e mi chiamò per nome. Era Oskar Weber. Non c'era nessuno che avrei visto più malvolentieri. Comunque da lui seppi che il professore non si era accorto della mia assenza, durante l'ora di ginnastica. Ma dov'ero stato?

«No, da nessuna parte», risposi, «non stavo bene.»

Ero silenzioso e scostante; dopo un lasso di tempo che io trovai irritantemente lungo, si rese conto che mi dava fastidio. E si incollerì.

«Lasciami in pace», gli dissi freddamente, «posso andare a casa da solo.»

«Davvero?», si mise a urlare. «Anch'io posso andare da solo, stupido che non sei altro. Io non sono il tuo cagnolino, mettitelo bene in testa. Ma prima vorrei sapere che fine ha fatto la nostra cassa comune! Io ci ho messo un decino, e tu niente!»

«Te lo rendo anche stasera, il tuo decino, se hai paura di perderlo. Però non ti fare mai più vedere. Come se potessi accettare qualcosa da te!»

«Mi sembrava che tu l'avessi preso volentieri», disse beffardamente, lasciando però aperta una possibilità di riconciliazione.

Ma io mi ero scaldato e incollerito; tutta l'angoscia e lo sconforto che si erano accumulati in me scoppiarono sotto forma di ira. Weber non aveva niente da insegnarmi! Davanti a lui ero dalla parte del giusto, davanti a lui avevo la coscienza a posto. E io avevo bisogno di qualcuno con cui potermi sentire così, davanti al quale potessi essere orgoglioso e avere ragione. Il tenebroso groviglio che era dentro di me eruppe selvaggiamente da quell'improvvisa apertura. Feci quello che di solito evitavo tanto accuratamente: misi in evidenza che ero figlio di un signore, sottolineando che non era certo una privazione, per me, rinunciare all'amicizia con un ragazzaccio di strada. Gli dissi che aveva finito di mangiare le fragole nel mio giardino e di giocare con i miei giocattoli. Mi sembrava di accendermi a una vita nuova: avevo un nemico, un avversario, qualcuno che fosse colpevole e che si poteva picchiare. Tutti i miei istinti vitali confluirono in quella collera redentrice, benvenuta, liberatrice, nella gioia feroce di avere un nemico che, finalmente, non abitava dentro di me, era di fronte a me, mi fissava con occhi prima atterriti e poi cattivi, un nemico di cui udivo la voce, disprezzavo i rimproveri, alle cui ingiurie potevo rispondere.

Scambiandoci parole sempre più violente, vicinissimi, percorremmo in discesa quel buio vicolo; qua e là ci guardavano, dalle porte. Ed io rovesciai sul povero Weber tutta la collera e il disprezzo che provavo per me stesso. Quando cominciò a minacciare di denunciarmi al professore di ginnastica, mi fece un piacere: si metteva dalla parte del torto, diventava meschino, mi rafforzava.

Quando venimmo alle mani, nei pressi della Metzergasse, un paio di persone si fermarono a guardarci. Ci colpimmo nella pancia e sul viso e ci prendemmo a calci. Per qualche istante, avevo dimenticato tutto, avevo ragione, non ero più un delinquente, l'ebbrezza della lotta mi rendeva felice e, se Weber era più forte di me, io ero più agile, più intelligente, più veloce, più focoso. Ci scaldammo e ce le demmo di santa ragione. Quando, con un gesto disperato, mi strappò il colletto della camicia, sentii come in delirio che un flusso di aria fresca sfiorava la mia pelle bollente.

E durante quel picchiare, strappare e calpestare, lottare e strangolare, non cessammo un istante di prenderci anche a parole, di offenderci ed annientarci, con parole che si facevano sempre più infocate, sempre più folli e cattive, sempre più poetiche e fantastiche. Se mi chiamava cane, io lo chiamavo porco. Se mi chiamava canaglia, io gli davo del Satana. Sanguinavamo entrambi senza provare dolore, e le nostre parole accatastavano incantesimi e desideri malvagi, ci auguravamo reciprocamente la forca, invocavamo un coltello per conficcarlo e rigirarlo nelle costole dell'altro, coprivamo di insulti nome, antenati e padre dell'altro.

È stata la prima e l'ultima volta che ho fatto la lotta animato sino alla fine dall'ebbrezza della guerra, senza risparmiare botte, atrocità, imprecazioni. Avevo assistito a tante zuffe, ascoltando con piacere ed orrore quelle imprecazioni e quelle ingiurie, volgari e primitive; adesso ero io stesso a gridarle, come se vi fossi stato avvezzo sin da bambino ed abituato ad usarle. Avevo le lacrime agli occhi e il sangue mi usciva dalla bocca. Il mondo, però, era magnifico, aveva un senso, era bello vivere, bello combattere, bello sanguinare e far sanguinare.

Non sono mai riuscito a ritrovare nella memoria la fine di quella lotta. In qualche modo finì, in qualche modo mi ritrovai, solo, nella silenziosa oscurità, riconobbi angoli di strade e case, giunsi vicino alla nostra casa. Lentamente l'ebbrezza svanì, lentamente quel frullar d'ali e quel tuonare cessarono e, a poco a poco, i miei sensi si trovarono davanti alla realtà, gli occhi per primi. Ecco la fontana. Il ponte. Sangue sulla mia mano, abiti laceri, calze abbassate, male al ginocchio, male all'occhio, niente berretto: tutto tornava, diventava reale e mi parlava. Tutto d'un tratto mi sentii spossato, ginocchia e braccia mi tremavano, andavo a tentoni lungo un muro.

Ed ecco la nostra casa! Grazie a Dio! Non sapevo nient'altro se non che quello era rifugio, pace, luce, sicurezza. Tirando un sospiro di sollievo, spinsi il grande portone.

Insieme al profumo di pietra e all'umida frescura mi avvolsero all'improvviso cento ricordi. Oh Dio! C'era odore di forza, di legge, di responsabilità, di padre e di Dio. Avevo rubato. Non ero un eroe ferito che tornava dalla battaglia. Non ero un povero bambinello che aveva ritrovato la via di casa e che la mamma avrebbe messo compassionevolmente nel suo caldo letto. Ero un ladro, ero un criminale. Per me, di sopra, non c'erano rifugio, letto e sonno, non c'erano cibo e sollecitudine né conforto e oblio. Mi aspettavano colpa e tribunale.

Allora, nel corridoio immerso nelle tenebre della sera e sulla scala che risalii solo a fatica, per la prima volta nella mia vita respirai per qualche istante, almeno credo, il freddo etere, la solitudine e il destino. Non vedevo via d'uscita, non avevo progetti, non avevo neppure paura, nient'altro che una sensazione fredda e dura: «Deve essere». Riuscii ad issarmi fino in cima tenendomi alla ringhiera. Davanti alla porta di vetro ebbi l'impulso di sedermi un momento sulle scale, per prendere respiro. Non lo feci, non aveva senso. Dovevo entrare. Mentre aprivo la porta, mi resi forse conto di quanto era tardi?

Entrai in sala da pranzo. Erano seduti a tavola, ma avevano appena finito di mangiare; c'era un vassoio con alcune mele. Erano circa le otto. Non ero mai rincasato così tardi, senza permesso; non ero neppure mai mancato a cena.

«Sei tu, grazie a Dio!» esclamò mia madre, con vivacità. Mi accorsi che era stata in pensiero per me. Corse verso di me, e quando vide il mio viso e i miei vestiti, sudici e strappati, si fermò spaventata. Io non dissi niente e non guardai in faccia nessuno, ma mi resi conto che papà e mamma si stavano mettendo d'accordo con lo sguardo. Mio padre si dominò e tacque; io sentivo quanto fosse adirato. La mamma si prese cura di me; mi furono lavate la faccia e le mani e messi cerotti; poi mi dettero da mangiare. Ero circondato da pietà e sollecitudine, e io me ne stavo zitto zitto, vergognandomi profondamente, avvertendo e gustando quel calore, ma con la coscienza sporca. Poi fui spedito a letto. A papà detti la mano senza guardarlo negli occhi.

Quando ero già a letto, venne da me la mamma. Tolse dalla sedia i miei abiti e li sostituì con altri: il giorno dopo era domenica. Poi mi fece qualche cauta domanda, e dovetti dirle qualcosa a proposito di una zuffa. Non ne fu contenta, ma non mi rimproverò, e mi parve un po' sorpresa per il fatto che una cosa del genere mi rendesse così mogio e timoroso. Poi se ne andò.

E ora, pensai, lei era convinta che tutto fosse a posto. Avevo fatto a botte ed ero tornato a casa sanguinante, ma domani sarebbe stato tutto dimenticato. Del resto, di quello che davvero importava, non sapeva niente. Era turbata, ma dolce e disinvolta. Era quindi presumibile che anche papà non sapesse ancora niente.

Allora fui sopraffatto da una terribile delusione. Mi rendevo adesso conto che, sin dall'istante in cui avevo messo piede in casa, ero stato animato da un unico desiderio, corrosivo e struggente. Non avevo pensato, desiderato, bramato nient'altro se non di essere sottoposto a giudizio, che quanto temevo divenisse realtà e scomparisse quella atroce angoscia che la mia condizione mi dava. A tutto ciò ero pronto, preparato. Fossi stato punito severamente, picchiato e rinchiuso! Mi avesse fatto morire di fame! Mi avesse maledetto e cacciato di casa! Purché l'angoscia e la tensione avessero fine!

Invece ero là, avevo assaporato amore e cure, ero stato affettuosamente risparmiato e non avevo dovuto render conto delle mie trasgressioni. Mi avevano perdonato i vestiti strappati, la lunga assenza, il fatto che avessi saltato la cena: questo perché ero stanco e sanguinavo, perché facevo loro pena, ma soprattutto perché non avevano idea del resto, perché sapevano della mia disubbidienza ma non del mio delitto. Mi sarebbe andata doppiamente male, se non fosse venuto alla luce! Forse mi avrebbero spedito, come già una volta avevano minacciato, in una casa di correzione, dove si mangiava pane vecchio e raffermo e, durante il tempo libero, si doveva segare la legna e pulire le scarpe, dove c'erano dormitori con sorveglianti che picchiavano col bastone e, al mattino, ti svegliavano alle quattro con un getto d'acqua fredda. O forse mi avrebbero consegnato alla polizia?

In ogni caso, andasse come andasse, avevo ancora davanti a me un lungo periodo di attesa. Dovevo sopportare più a lungo la mia angoscia, tenermi più a lungo il mio segreto, tremare in casa per ogni sguardo ed ogni passo e non potere alzare gli occhi su nessuno.

O forse, alla fin fine, era possibile che il mio furto non fosse scoperto? Che tutto rimanesse com'era? Che tutta la mia angoscia e le mie pene fossero state vane?... Oh, se fosse successo, se quella cosa impensabile e meravigliosa fosse accaduta, allora avrei cominciato una vita nuova, avrei ringraziato Iddio e me ne sarei dimostrato degno, vivendo puro e immacolato ogni ora della mia vita! Quello che avevo già tentato ed era fallito mi sarebbe riuscito: il mio proposito e la mia volontà erano sufficientemente forti, adesso, dopo quella miseria, quell'inferno e quello strazio! Tutto il mio essere si impossessò di quel pensiero e vi si attaccò fervidamente. Dal cielo piovve conforto, il futuro si fece azzurro e soleggiato. Così fantasticando, mi addormentai, e dormii tutta la notte, di un sonno spensierato e ininterrotto.

La mattina dopo era domenica, e ancora a letto avvertii, come il gusto di un frutto, quella particolare sensazione domenicale, stranamente confusa ma, nel complesso, deliziosa, che conoscevo da quando andavo a scuola. La domenica mattina era una gran bella cosa: si dormiva a lungo, niente scuola, ci si pregustava un buon pranzo, niente odore di maestri e d'inchiostro, tanto tempo libero. Questa era la cosa più importante. Solo più deboli risuonavano altre note, più scialbe ed estranee: l'andare in chiesa o al catechismo, la passeggiata familiare, l'attenzione ai vestiti buoni. Questo guastava leggermente quella sensazione pura, buona, deliziosa, come quando due cose vengono ingerite contemporaneamente, ad esempio un budino e un succo di frutta, o come quando le caramelle e i pasticcini che ti regalano nelle botteghe hanno quel fatale saporino di formaggio o di petrolio. Li abbiamo mangiati, ed erano buoni; ma non erano una cosa piena e radiosa, abbiamo dovuto chiudere un occhio. Ecco, le domeniche erano perlopiù qualcosa del genere, soprattutto quando dovevo andare in chiesa o al catechismo, il che fortunatamente non accadeva sempre. Il giorno di libertà assumeva così un lieve sapore di dovere e di noia. E durante le passeggiate con tutta la famiglia, per quanto belle potessero essere, succedeva di solito qualcosa, litigavo con le mie sorelle, camminavo troppo svelto o troppo piano, tutti gli occhi erano puntati sui miei vestiti: c'era sempre qualche difficoltà.

Ecco che cosa mi aspettava. Mi stava bene. Tanto tempo era passato da ieri. Non avevo dimenticato la mia infamia, mi tornava in mente già dalla mattina, ma era così lontana, lo sgomento era indietreggiato, diventando irreale. Avevo espiato ieri la mia colpa, anche se soltanto coi rimorsi di coscienza; avevo sofferto per tutto un lungo, miserabile giorno. Adesso ero di nuovo incline alla fiducia, e non mi davo pena. Non che fosse tutto risolto, avvertivo sempre un senso di minaccia e di fastidio, come del resto ogni bella domenica non era indenne da quei piccoli doveri e impegni.

A colazione eravamo tutti contenti. Mi fu lasciata la scelta tra la chiesa e il catechismo. Scelsi, come sempre, la chiesa. Là, almeno, ti lasciavano in pace, e potevi seguire il filo dei tuoi pensieri; inoltre quell'ambiente alto e solenne dalle finestre variopinte era spesso bello e maestoso e se, con gli occhi socchiusi, guardavi in direzione dell'organo, nella lunga navata immersa nella penombra, ci trovavi talvolta immagini stupende; le canne dell'organo che emergevano dall'oscurità parevano spesso una radiosa città con cento torri. Spesso ero anche riuscito, quando la chiesa non era piena, a leggere per tutta l'ora, indisturbato, un libro di avventure.

Quel giorno non ne presi e non pensai neppure a svignarmela dalla chiesa, come avevo fatto altre volte. In me c'era ancora tanta eco della sera precedente che nutrivo propositi buoni e onesti, ed ero intenzionato ad essere buono e docile con Dio, genitori e mondo. Anche la mia collera verso Oskar Weber era completamente svanita. Se fosse venuto, l'avrei accolto nel migliore dei modi.

La funzione cominciò, e io cantai i versetti dell'antifona ed anche il canto *Pastore delle tue pecore,* che avevamo imparato a memoria anche a scuola. Mi accorsi ancora una volta che durante il canto, in particolare quello lento e strascicato della chiesa, le strofe assumevano tutt'altro aspetto da quello che avevano quando si leggevano o si recitavano. Una strofa, quando si leggeva, aveva un significato unitario, era fatta di frasi. Quando si cantava era fatta soltanto di parole, non ne uscivano frasi, non aveva senso, ma in compenso le parole, le singole parole cantate e lungamente dilatate assumevano una vita stranamente intensa e indipendente, anzi, spesso erano solo le singole sillabe, di per sé completamente insensate, che nel canto diventavano autonome e assumevano una forma. Quel giorno, ad esempio, la strofa «Pastore delle tue pecore, che non prendi mai sonno», non presentava né coesione né senso, non faceva pensare né al pastore né alle pecore, non faceva pensare proprio a niente. Ciò non significa che fosse noiosa. Alcune parole, in particolare «pe-co-re» diventavano così stranamente belle e pregnanti che in esse ci si poteva cullare, e anche quel «sonno» suonava grave e misterioso, ricordava il «sogno» e tutte le cose oscure, sensibili e misteriose che albergano nel nostro corpo. E inoltre l'organo!

E poi venne il parroco, con la sua predica sempre così incomprensibilmente lunga, e quello strano ascolto durante il quale per lungo tempo si sentiva oscillare, come una campana, soltanto il tono oratorio della sua voce; poi di nuovo si percepivano, nitide e chiare, alcune parole isolate, insieme al loro senso, e si cercava seguirle, finché era possibile. Se solo mi avessero permesso di stare nel coro, invece che tra tutti gli uomini, nel matroneo. Nel coro, dove stavo seduto durante i concerti, ogni sedia era pesante e isolata, come un edificio piccolo ma solido; sopra si inarcava una molteplice volta a rete, particolarmente affascinante, e sulle pareti era dipinto, a colori tenui, il Discorso della Montagna: era dolce e rasserenante vedere la veste azzurra e rossa del Salvatore contro quel cielo azzurro pallido.

Ogni tanto le panche scricchiolavano; nei loro confronti io nutrivo una profonda avversione, perché erano state verniciate con una lacca gialla e triste, alla quale si rimaneva sempre un po' incollati. Ogni tanto una mosca ronzava contro una delle finestre, nel cui arco a sesto acuto erano dipinti fiori azzurro-rossi e stelle verdi. E, inavvertitamente, la predica era finita; mi sporsi in avanti per vedere il parroco scomparire nella sua scaletta stretta e buia. Cantammo di nuovo, con un sospiro di sollievo e a gola spiegata; poi ci alzammo e ci riversammo fuori, ed io feci cadere nella cassetta delle elemosine i cinque centesimi che mi ero portato, provocando un suono metallico che mal si addiceva a quella solennità; poi mi lasciai trasportare dalla fiumana verso il portale e all'aria aperta.

Ora veniva il momento più bello della domenica, le due ore tra la chiesa e il pranzo. Si era fatto il proprio dovere e, dopo essere stati tanto seduti, si aveva proprio voglia di giocare o camminare, oppure di leggere un libro; inoltre si era completamente liberi fino a mezzogiorno, e di solito ci aspettava un buon pranzetto. Soddisfatto, bighellonai fino a casa, pieno di buone intenzioni e idee gentili. Il mondo era a posto, ci si poteva vivere. Pacifico e tranquillo, trotterellai su per le scale.

In camera mia c'era il sole. Detti un'occhiata alla mia cassetta con i bruchi, che il giorno prima avevo trascurato, trovai due crisalidi nuove e detti acqua alle piante.

Poi la porta si aprì.

Sul momento non ci feci caso. Un minuto dopo mi parve di sentire uno strano silenzio, e mi girai. C'era mio padre. Era pallido e sembrava sofferente. Le parole di saluto mi si fermarono in gola. Mi accorsi che sapeva! Era venuto. Cominciava il processo. Niente era migliorato, niente espiato, niente dimenticato! Il sole impallidì e, dietro di lui, appassì la domenica.

Cadendo dal cielo, fissai mio padre. Lo odiavo, perché non era venuto ieri. Ora non ero preparato a niente, non avevo niente di pronto, neppure il pentimento o un senso di colpa... E perché mai lui teneva dei fichi nel comodino?

Si avvicinò alla mia libreria, cercò dietro i libri e ne estrasse alcuni fichi. Ormai ce n'erano pochi. Senza parlare, mi guardò, con aria addolorata e interrogativa. Non riuscii a dire niente. Dolore e collera mi soffocavano.

«Che c'è?» articolai poi.

«Dove hai preso questi fichi?» mi chiese con quella voce bassa e soffocata che tanto odiavo.

Cominciai subito a parlare. A mentire. Gli raccontai che avevo comprato i fichi in una pasticceria; erano una corona intera. Dove avevo preso i soldi? Da una cassa comune che tenevo con un amico. Ci avevamo messo entrambi gli spiccioli che, di tanto in tanto, ci regalavano. Se non ci credeva... ecco la cassa. Tirai fuori la scatola con la fessura. C'era solo un decino proprio perché, il giorno prima, avevamo comprato i fichi. Mio padre ascoltava, col volto immobile; si stava dominando, e non prometteva niente di buono.

«Quanto li hai pagati questi fichi?», mi chiese a bassa voce.

«Un marco e sessanta.»

«E dove li hai comprati?»

«Dal pasticcere.»

«Quale?»

«Haager.»

Ci fu una pausa. Io avevo ancora nelle mie mani gelide la scatola dei soldi. Mi sentivo gelare dappertutto; avevo freddo.

E allora mi chiese, con una minaccia nella voce: «È vero?».

Ripresi a parlare in fretta. Sì, certo che era vero, era stato il mio amico Weber ad andare nel negozio, io l'avevo solo accompagnato. I soldi erano quasi tutti suoi, di mio c'era ben poco.

«Prendi il berretto», disse mio padre. «Andiamo insieme dal pasticcere Haager. Lui saprà dirmi se è vero.»

Cercai di sorridere. Il freddo mi stava prendendo il cuore e lo stomaco. Lo precedetti e, nel corridoio, presi il mio berretto azzurro. Papà aprì la porta di vetro; anche lui aveva preso il cappello.

«Un momento!», dissi. «Devo andare un attimo fuori.»

Andai al gabinetto, mi chiusi a chiave, ero solo, al sicuro per un altro istante. Oh, se fossi morto!

Rimasi un minuto, due. Non serviva a niente. Non morivo. Occorreva essere forti. Aprii e raggiunsi mio padre. Scendemmo le scale.

Proprio mentre uscivamo dal portone mi venne una buona idea, e dissi in fretta: «Ma oggi è domenica, e Haager è chiuso».

Era una speranza, e durò due secondi. Mio padre disse tranquillamente: «Allora andiamo a casa sua. Vieni».

Andammo. Mi raddrizzai il berretto, infilai una mano in tasca e cercai di camminare accanto a lui come se non fosse successo niente di particolare. Per quanto sapessi che tutti si rendevano conto che ero un criminale e che mi stavano portando via, cercai di nasconderlo con mille arti. Mi sforzai di respirare in modo naturale; non c'era bisogno che gli altri vedessero come si contraeva il mio petto. Tentai di inalberare un'espressione rilassata e di simulare naturalezza e sicurezza. Mi tirai su un calzino, senza che ce ne fosse bisogno, e sorrisi, pur sapendo che quel sorriso era terribilmente stupido e artificioso. Dentro di me, nella mia gola e nelle mie viscere, c'era il diavolo, che voleva soffocarmi.

Passammo davanti all'osteria, al maniscalco, al vetturino e al ponte sulla ferrovia. Proprio lì, la sera prima, avevo fatto a botte con Weber. Non mi faceva ancora male la ferita all'occhio? Mio Dio! Mio Dio!

Andavo avanti senza volontà, spasmodicamente attento al mio atteggiamento. Davanti al granaio di Adler, lungo la Bahnhofstrasse. Com'erano ancora belle ed innocue, il giorno prima, quelle strade! Non pensare! Avanti! Avanti!

Eravamo vicinissimi alla casa di Haager. In quei pochi minuti avevo vissuto alcune centinaia di volte la scena che laggiù mi aspettava. Ora c'eravamo. Ma non riuscii a sostenerla. Mi fermai.

«E ora? Che c'è?», domandò mio padre.

«Io non entro», dissi piano.

Abbassò gli occhi verso di me. Lui lo sapeva, sin dall'inizio. Perché aveva inscenato quella commedia, facendomi penare tanto? Non aveva senso.

«Non li hai comprati da Haager, i fichi?»

Scossi la testa.

«Ah, è così», disse con calma apparente. «Allora possiamo tornare a casa.»

Si comportò decorosamente e per strada, davanti alla gente, mi risparmiò. Fuori c'erano molte persone e, ogni momento, qualcuno salutava mio padre. Che commedia! Che tormento stupido e assurdo! Non potevo essergli grato perché mi risparmiava.

Sapeva tutto! E mi aveva lasciato ballare, mi aveva fatto compiere le mie inutili capriole, come si lascia ballare nella trappola il topo ormai acchiappato, prima di affogarlo. Oh, se fin dall'inizio, senza farmi domande né sottopormi a interrogatorio, mi avesse preso a bastonate sulla testa: in fondo l'avrei preferito alla compassata giustizia con la quale mi rinchiudeva dentro il cerchio delle mie menzogne, facendomi soffocare lentamente. Insomma, sarebbe stato meglio avere un padre violento, invece che uno così giusto e raffinato. Quando un padre, come accadeva nelle storie e nei trattatelli, picchiava i figli di santa ragione perché ubriaco o in preda all'ira, era dalla parte del torto e, anche se le botte facevano male, era sempre possibile alzare le spalle e, intimamente, disprezzarlo. Con mio padre non si poteva, era troppo raffinato, troppo perfetto, non era mai dalla parte del torto. Davanti a lui si era sempre piccoli e miserabili.

A denti stretti lo precedetti in casa, e poi in camera mia. Era sempre calmo e freddo, o almeno così si mostrava perché, in realtà, io sapevo che era molto, molto in collera. Riprese a parlare nel modo solito.

«Vorrei sapere il perché di questa commedia. Non potevi dirmelo? Io lo sapevo che la tua bella storia era tutta inventata. Perché questa buffonata? Non pensavi mica seriamente che fossi così stupido da crederti?»

Strinsi i denti e deglutii. Se solo avesse smesso! Come se io avessi saputo perché mai avevo inventato quella storia! Come se io avessi saputo perché non riuscivo ad ammettere il mio delitto e a chiedere perdono! Come se io avessi saputo perché mai avevo rubato quei disgraziatissimi fichi! L'avevo forse voluto, l'avevo fatto coscientemente, riflettendo, per qualche buon motivo? Forse che non mi dispiaceva? Forse che non ne soffrivo più di lui?

Aspettava, con una nervosa espressione di faticosa pazienza. Per un attimo la faccenda mi fu completamente chiara, nell'inconscio, ma non sarei riuscito ad esprimerla a parole, come faccio oggi. Le cose stavano così: avevo rubato perché mi ero recato nello studio di mio padre in cerca di conforto e, con mia grande delusione, l'avevo trovato vuoto. Non volevo rubare. Volevo soltanto, giacché papà non c'era, spiare un po', guardare tra le sue cose, scoprire i suoi segreti, sapere qualcosa di lui. Ecco perché. Poi avevo trovato i fichi, e li avevo rubati. E subito me ne ero pentito e, tutto il giorno precedente, avevo patito le pene dell'inferno, avevo desiderato morire, mi ero condannato, avevo concepito nuovi, buoni propositi. Quel giorno però... sì, quel giorno era un'altra cosa. Avevo assaporato sino in fondo il pentimento e tutto il resto, adesso ero più sobrio e provavo un'inspiegabile quanto fortissima opposizione contro mio padre e contro tutto quello che si aspettava e pretendeva da me.

Se glielo avessi saputo dire mi avrebbe perdonato. Ma anche i bambini, per quanto più saggi dei grandi, si trovano talvolta soli e sgomenti davanti al destino.

Irrigidito dalla caparbietà e dal dolore represso, continuai a tacere e gli lasciai fare i suoi discorsi intelligenti, osservando addolorato ma, al contempo, provando una strana gioia per il male altrui, come soffriva, come era deluso, come invano faceva appello ai miei lati migliori.

Quando mi domandò: «Allora li hai rubati i fichi?», seppi solo annuire. Oltre a quel debole gesto non riuscii a comunicargli niente di quanto voleva sapere, per quanto mi dispiacesse. Com'era possibile che quell'uomo grande e intelligente facesse domande così stupide! Come se non mi fosse dispiaciuto! Come se non si fosse accorto che quella storia mi faceva soffrire, mi spezzava il cuore! Come se avessi potuto gioire della mia azione e di quei miserabili fichi!

Forse per la prima volta nella mia vita di fanciullo percepii, quasi fino alla soglia del discernimento e della coscienza, come due persone affini e reciprocamente bendisposte possano indicibilmente fraintendersi e tormentarsi e martirizzarsi, e come allora tutti i discorsi, tutta l'intelligenza e la ragionevolezza del mondo non facciano altro che aggiungere veleno, nuovi strazi, nuove fitte, creando nuovi malintesi. Com'era possibile? Ma era possibile, accadeva. Era assurdo, era folle, c'era da riderne e disperarsi... ma era così.

E ora basta con questa storia! Finì che fui rinchiuso in soffitta per tutto il pomeriggio di domenica. Questa severa punizione, però, era parzialmente attutita da alcune circostanze note a me soltanto. In quella stanza buia e poco usata c'era infatti, coperta da uno spesso strato di polvere, una cassa piena di vecchi libri, alcuni dei quali non erano affatto per ragazzi. La luce per leggere me la procurai spostando una tegola del tetto.

La sera di quella triste domenica mio padre riuscì, poco prima di andare a dormire, a coinvolgermi in un breve colloquio, che ci riconciliò. Quando fui a letto, ebbi la certezza che mi aveva perdonato completamente... più di quanto io avessi perdonato lui.

(1919)

Giorni di luglio

Villa Erlenhof si trovava sull'altopiano, non lontano da bosco e montagne.

Davanti alla villa c'era un grande spiazzo di ghiaia dove terminava la strada maestra. Qui potevano fermarsi le carrozze, quando c'erano visite. Per il resto, quello spiazzo quadrato era sempre vuoto e silenzioso, e sembrava ancora più grande quando, soprattutto col bel tempo, l'abbacinante luce del sole e l'aria resa tremula dalla calura lo pervadevano al punto che l'idea di attraversarlo risultava inconcepibile.

Lo spiazzo di ghiaia e la strada separavano la casa dal giardino. O almeno, si diceva «giardino», ma era un parco di notevoli proporzioni, non molto largo ma profondo, con olmi, aceri e platani imponenti, sinuosi vialetti, una giovane abetaia e molte panchine. Vi si aprivano prati luminosi e soleggiati, alcuni all'inglese e altri abbelliti da aiole coltivate a fiori o arbusti ornamentali; in una di queste radure calde e serene si ergevano, solitari e appariscenti, due grandi alberi.

Uno era un salice piangente. Il suo tronco era circondato da un'esile panchina fatta di tavole e, tutt'intorno, ricadevano i suoi lunghi rami, d'una morbidezza serica, così fitti e profondi che il suo interno era una tenda o un tempio in cui sempre, a dispetto dell'eterna ombra crepuscolare, covava un fioco calore. L'altro, che un basso prato recintato divideva dal salice, era un maestoso faggio rosso. Da lontano pareva marrone scuro, e quasi nero. Se però ci si avvicinava oppure ci si metteva a osservarlo dal di sotto, allora tutte le foglie dei rami esterni, inondate dalla luce del sole, divampavano in un fuoco purpureo, caldo e lieve, che ardeva di brace repressa e solennemente smorzata, come dalle finestre di una chiesa. Quel vecchio faggio era la bellezza più famosa e notevole del grande giardino, e lo si poteva vedere da qualunque punto. Se ne stava solo e scuro in mezzo a quel prato chiaro ed era così alto che, se lo si guardava dall'esterno del parco, si vedeva la sua chioma tonda, solida e teneramente inarcata stagliarsi contro l'azzurro del cielo, e quanto più quell'azzurro era chiaro e abbacinante, tanto più nera e solenne risultava la chioma dell'albero. È vero che a seconda del tempo e dell'ora del giorno assumeva aspetti molto diversi. Spesso pareva che sapesse di essere bello, che ci fosse un motivo per cui si trovava da solo, superbamente lontano dagli altri alberi. Si pavoneggiava e guardava freddamente in direzione del cielo, oltre ogni cosa. Spesso però pareva anche che sapesse di essere l'unico della sua specie nel giardino, di non avere fratelli. Allora rivolgeva lo sguardo agli altri alberi, lontani, cercandoli con struggente desiderio. Era splendido al mattino, e anche la sera, finché il sole non diventava rosso: poi, all'improvviso, era come spento, e sembrava che da lui la notte arrivasse un'ora prima che nel resto del parco. Era però nei giorni di pioggia che mostrava il suo aspetto più singolare e malinconico. Mentre gli altri alberi respiravano, si stiracchiavano e sfoggiavano gioiosi un verde più chiaro, lui era come morto nella sua solitudine e pareva nero, dalla chioma alle radici. Non che tremasse, ma si vedeva che aveva freddo e che provava un senso di disagio e di vergogna a starsene lì, solo e abbandonato.

Anticamente quel parco, accuratamente progettato, era una rigorosa opera d'arte. Vennero però tempi in cui gli uomini si stancarono di quel faticoso curare e potare: di quel parco tanto faticosamente allestito non si interessò più nessuno e gli alberi furono abbandonati a se stessi. Fecero allora amicizia l'uno con l'altro, dimenticarono il loro ruolo artisticamente isolato e, nel bisogno, ricordarono la loro vecchia patria, il bosco; si appoggiarono gli uni agli altri, abbracciandosi e sostenendosi a vicenda. Avevano coperto i dritti vialetti col loro fitto fogliame, attirandoli a sé con le radici sporgenti e trasformandoli in nutriente sottobosco; avevano saldamente intrecciato le chiome e, sotto quella protezione, era cresciuto uno zelante popolo arboreo che, con i suoi tronchi più lisci e le foglie più chiare, riempiva il vuoto, conquistava il terreno incolto e, con la sua ombra e il cader delle foglie, rendeva la terra nera, morbida e grassa, cosicché anche muschio, erbe e piccoli cespugli potevano facilmente avanzare.

Quando poi tornarono nuovamente uomini che intendevano adibire il giardino di una volta a luogo di riposo e di piacere, quello era diventato una piccola selva. Ci si dovette limitare. Certo, il vecchio viale tra i due filari di platani fu ripristinato, ma per il resto ci si accontentò di aprire nella macchia qualche tortuoso sentierino, di seminare a prato le radure e di disporre nei posti opportuni qualche panchina verde. E le persone i cui nonni avevano piantato e potato quei platani così regolari, disponendoli a loro completa discrezione, vi si recavano ora, coi loro figli, in qualità di ospiti, ed erano contente che il lungo abbandono avesse fatto di quei viali un bosco, dove il sole non brucia e il vento si calma, gli uccelli cantano e gli esseri umani inseguono i loro pensieri, sogni e desideri.

Paul Abderegg era coricato nella penombra tra albero e prato e aveva in mano un libro rilegato di bianco e rosso. Ora leggeva, ora seguiva con lo sguardo le farfalle che svolazzavano tra l'erba. Era arrivato al punto in cui Frithjof prende il mare, Frithjof l'amante, il profanatore del tempio, bandito dalla patria. Il petto gonfio di rancore e pentimento, veleggia su quel mare inospitale, in piedi al timone; bufere e flutti incalzano quella rapida nave vichinga e un'amara nostalgia opprime il forte timoniere.

I prati erano caldi, alto e stridulo risuonava il canto dei grilli e, dentro il boschetto, cantavano gli uccelli, più dolci e profondi. Era magnifico starsene sdraiati in quel solingo groviglio di profumi e suoni e luci solari, a guardare il cielo rovente, oppure tendendo l'orecchio all'indietro, in direzione degli alberi scuri, o anche stiracchiarsi ad occhi chiusi avvertendo in tutte le membra un caldo, profondo benessere. Ma Frithjof andava per mare, e domani c'erano visite, e se in giornata non avesse finito quel libro forse, come l'autunno precedente, non avrebbe combinato niente. Anche allora infatti si era sdraiato in quel punto e aveva cominciato a leggere Frithjof; anche allora c'erano state visite e aveva smesso di leggere. Il libro era rimasto dov'era ma poi lui era tornato in città, nella sua scuola, e tra Omero e Tacito aveva pensato di continuo al libro iniziato e a quel che sarebbe successo nel tempio, con l'anello e la statua.

Riprese a leggere con zelo; dalle chiome degli olmi gli giungeva una debole brezza, gli uccelli cantavano, volavano farfalle sgargianti, zanzare ed api. E quando infine chiuse il libro e balzò in piedi, l'aveva finito; il prato era pieno di ombre e nel cielo rosso chiaro si spegneva la sera. Un'ape stanca si posò sulla sua manica e si lasciò portare. I grilli continuavano a cantare. Paul se ne andò in fretta, tra i cespugli e poi sul viale di platani, finché non giunse sulla strada e sul silenzioso spiazzo davanti alla villa. Era bello, nel forte impeto dei suoi sedici anni, e teneva la testa un po' abbassata e gli occhi socchiusi, ancora tutto preso dalle sorti di quell'eroe nordico e indotto alla riflessione.

La sala in cui, d'estate, erano serviti i pasti, si trovava sul retro della casa. Era in realtà una veranda che solo una parete di vetro separava dal giardino, e sporgeva spaziosa dal resto della villa come una piccola ala. Era quello il giardino vero e proprio, che da tempi immemorabili era chiamato «giardino sul lago» anche se, più che un lago vero e proprio, ospitava uno stagno di forma allungata, circondato da aiole, pergolati, vialetti e frutteti. La scalinata che dalla veranda portava all'aperto era cinta di palme e oleandri; per il resto il «giardino sul lago» non aveva un aspetto particolarmente signorile, ma tranquillo e campagnolo.

«Bene, domani arrivano i Leutchen», disse il padre. «Spero che ti faccia piacere, Paul, vero?»

«Certo.»

«Non ne sei entusiasta? Be', ragazzo mio, non c'è niente da fare. Per due gatti come noi, villa e giardino sono decisamente troppo grandi, e tutto questo ben di Dio non deve andare sprecato! Una villa e un parco sono fatti per essere abitati da gente felice; più ce n'è e meglio è. Inoltre arrivi sempre troppo tardi. La minestra non è più in tavola.»

Poi si rivolse al precettore: «Egregio signore, non la si vede quasi mai in giardino. Avevo sempre pensato che lei spasimasse per la vita campestre».

Il signor Homburger aggrottò la fronte.

«Forse ha ragione. Ma intendo dedicare le ferie ai miei studi privati, per quanto è possibile.»

«Il mio rispetto, signor Homburger! Quando la sua fama percorrerà il mondo, farò mettere una lapide sotto la sua finestra. Spero di vivere abbastanza a lungo per farlo.»

Il precettore contrasse il volto in una smorfia. Era molto nervoso.

«Lei sopravvaluta le mie ambizioni», disse gelidamente. «Mi è del tutto indifferente che il mio nome sia noto oppure no. Per quel che riguarda la lapide...»

«Oh, non si preoccupi, caro signore! Ma lei è decisamente troppo modesto. Paul, prendilo ad esempio!»

Alla zia sembrò fosse il momento di venire in soccorso del laureando. Conosceva bene quella sorta di colloqui gentili, che tanta soddisfazione davano al padrone di casa, e li temeva. Offrì del vino, indirizzò la conversazione su un altro binario e ve la mantenne.

Si parlò soprattutto degli ospiti che dovevano arrivare. Paul ascoltava a malapena. Mangiava a quattro palmenti, chiedendosi ancora una volta come fosse possibile che il giovane precettore paresse più vecchio di suo padre, che pure aveva già i capelli quasi completamente grigi.

Davanti alle finestre e alle porte della veranda, giardino, frutteto, laghetto e cielo cominciarono a trasformarsi, sfiorati dal primo brivido della notte imminente. Scurirono i cespugli, che confluirono in neri flutti; e gli alberi, le cui chiome intersecavano il profilo delle colline lontane, si stagliarono cupi contro il cielo più chiaro, con forme inimmaginate e, di giorno, mai viste. Quel paesaggio fertile e vario perdeva sempre più il suo carattere pacifico, vario e colorato, per raggrupparsi in grandi masse quasi chiuse. Davanti alle finestre la poca luce naturale ancora rimasta lottava stancamente con quella che scendeva dai lampioni.

Paul, in piedi sulla porta aperta, guardava senza troppa attenzione e senza pensarci molto. Certo, pensava, ma non a quello che vedeva. Vedeva scendere la notte. Ma non riusciva a sentire come fosse bello. Era troppo giovane e vivo per percepire qualcosa del genere, per osservarlo e trarne piacere. Pensava invece a una notte sul mare del Nord. Sulla spiaggia, tra alberi neri, divampa fosco l'incendio del tempio, e fiamme e fumo salgono fino al cielo; nel mare che s'infrange contro gli scogli si specchiano luci rosse e selvagge, e nell'oscurità fugge, a vele spiegate, una nave vichinga.

«Allora, giovanotto», esclamò il padre, «cosa andavi leggendo, là fuori?»

«Oh, *Frithjof*!»

«Ah, lo leggono anche i giovani d'oggi? Signor Homburger, che ne pensa? Che si dice oggi di quel vecchio svedese? È ancora valido?»

«Intende dire Esajas Tegner?»

«Sì, giusto. Esajas. Be'?»

«È morto, signor Abderegg, morto e sepolto.»

«Lo credo bene! Era già morto ai miei tempi, intendo dire quando lo leggevo io. Io le chiedevo se è ancora di moda.»

«Mi rincresce, ma di moda e mode non so niente. Per quel che riguarda una valutazione scientifico-estetica...»

«Naturale, è a questo che mi riferivo. Dicevamo, la scienza...?»

«La storia letteraria considera quel Tegner soltanto un nome. Era una moda, come lei dice giustamente. Detto questo, detto tutto. Quello che è genuinamente valido non è mai stato di moda, ma vive ancora.

Tegner invece, come ho già detto, è morto. Per noi non esiste più. Ci sembra falso, affettato, dolciastro...»

Paul si voltò con irruenza.

«Ma non può essere, signor Homburger!»

«Posso chiederle perché?»

«Perché è bello! Sì, semplicemente bello.»

«Davvero? Ma non è certo un motivo per agitarsi tanto.»

«Ma lei dice che è dolciastro e senza alcun valore. Invece è davvero bello.»

«Lei crede? Visto che lei sa con tale certezza che cosa è bello e che cosa non lo è, dovrebbero darle una cattedra. Eppure vede, Paul, questa volta il suo giudizio non concorda con l'estetica. È proprio il contrario di quel che le capita con Tucidide: la scienza lo trova bello, e lei orribile. Quanto a *Frithjof*...»

«Questo non ha niente a che fare con la scienza.»

«Al mondo non c'è niente, assolutamente niente che non abbia a che fare con la scienza. Comunque, signor Abderegg... io mi ritiro, col suo permesso.»

«Di già?»

«Dovrei scrivere ancora qualcosa.»

«Che peccato, avremmo conversato tanto amabilmente! Ma sopra ogni cosa, la libertà. Buona notte!»

Il signor Homburger lasciò la stanza con rigida cortesia e scomparve nel corridoio, senza un rumore.

«Allora Paul, ti sono piaciute quelle vecchie avventure?», rise il padrone di casa. «Allora non te le far rovinare da nessuna scienza, altrimenti stai fresco! Non sarai mica di malumore?»

«No, non è niente. Sai, avevo sperato che il signor Homburger non sarebbe venuto con noi anche in campagna. Avevi detto che non devo sgobbare, in queste vacanze.»

«Sì, l'ho detto ed è vero; puoi esserne contento. Mica ti morde, il signor precettore.»

«Ma allora perché è venuto anche lui?»

«Vedi, ragazzo mio, dove sarebbe dovuto andare? A casa sua, purtroppo, non è particolarmente bello. E poi anch'io mi voglio divertire! A trafficare con gli uomini colti ed istruiti ci si guadagna sempre, ricordatelo. Mi dispiacerebbe rinunciare al nostro signor Homburger.»

«Papà, con te non si sa mai quando scherzi e quando fai sul serio.»

«Allora impara a distinguerlo, figlio mio. Ti sarà utile. Vogliamo fare un po' di musica, adesso?»

Felice, Paul seguì immediatamente il padre nella stanza accanto. Non accadeva spesso che il padre suonasse con lui di sua spontanea volontà. E non c'era da stupirsene, perché suonava il pianoforte da maestro mentre il ragazzo, al confronto, sapeva appena strimpellare.

La zia Grete rimase sola. Padre e figlio erano di quei musicisti che non amano trovarsi l'ascoltatore davanti al naso, anche se erano contenti che, vicino, ci fosse qualcuno che tendesse l'orecchio, senza essere visto. La zia lo sapeva bene. E come poteva non saperlo? Come poteva ignorare ogni piccolo tenero particolare di quei due, lei che da anni li circondava di amore e li custodiva e li considerava figli suoi?

Si sedette su una delle poltrone reclinabili di bambù, a riposare. Al suo orecchio giungeva un'ouverture suonata a quattro mani, e non era certo la prima volta che la sentiva, ma non avrebbe saputo dirne il nome; per quanto le piacesse ascoltare la musica, ne capiva ben poco. Sapeva che il vecchio o il ragazzo, uscendo, le avrebbero chiesto: «Zia, che pezzo era?». E lei avrebbe risposto «di Mozart» o «dalla Carmen», e sarebbe stata presa in giro perché, naturalmente, si trattava di qualcos'altro.

Ascoltando, si appoggiò alla spalliera della poltrona e sorrise. Peccato che nessuno potesse vederla, perché il suo sorriso era davvero sincero. Nasceva non tanto dalle labbra quanto dagli occhi: tutto il volto le brillava, le guance e le labbra, rivelando profonda comprensione e amore.

Sorrideva e ascoltava. Era una bella musica e le piaceva enormemente. Ma non si limitava ad ascoltare l'ouverture, anche se cercava di seguirla. Per prima cosa tentò di scoprire chi fosse agli alti e chi ai bassi. Ai bassi c'era Paul, se ne accorse presto. Non che si fosse inceppato, ma gli alti erano così leggeri e arditi e sgorgavano talmente dal cuore che non potevano essere suonati da un principiante. A quel punto la zia poté immaginare ogni cosa. Vide i due seduti al pianoforte a coda. Vide il padre sorridere, teneramente soddisfatto, durante alcuni splendidi passaggi. In quegli stessi punti, vide Paul raddrizzarsi sullo sgabello, con le labbra aperte e gli occhi fiammeggianti. Durante i passaggi più vivaci cercò invece di capire se Paul non ridesse: infatti il vecchio talvolta faceva qualche smorfia o accennava qualche movimento così disinvolto che, per un ragazzo, era davvero difficile trattenersi.

Più l'ouverture progrediva, più chiaramente la signorina immaginava quei due e più profondamente leggeva nei loro volti eccitati dal suonare. E con quella musica veloce passò davanti ai suoi occhi una gran parte di vita, esperienza ed amore.

Era buio pesto; ci si era già scambiata la buona notte e ciascuno si era ritirato nella sua camera. Qua e là si apriva e si chiudeva ancora una porta, una finestra. Poi scese il silenzio.

Ciò che in campagna è naturale, cioè il silenzio della notte, rimane per il cittadino sempre un prodigio. Chi, dalla città, giunga in un podere o in una fattoria e, la prima sera, si metta alla finestra o a letto, percepisce questo silenzio come la magia di un porto sicuro, come se si fosse avvicinato a quel che è vero e sano e avvertisse un alito di eternità.

Non è un silenzio completo. È carico di suoni, ma sono i suoni cupi, attutiti e misteriosi della notte, mentre in città è così amaramente difficile distinguere i rumori della notte da quelli del giorno. È il canto delle rane, lo stormire degli alberi, lo sciacquio del ruscello, il volo di un uccello notturno, di un pipistrello. Ma se passa sferragliando un carro attardatosi o abbaia un cane da caccia, è un gradito saluto della vita, che viene maestosamente smorzato e inghiottito dall'immensità dello spazio.

Il precettore aveva ancora il lume acceso e andava su e giù per la stanza, inquieto e stanco. Aveva letto tutta la sera, fino a mezzanotte. Quel giovane signor Homburger non era quello che sembrava, o che voleva sembrare. Non era un pensatore. Non era neppure una testa di scienziato. Ma aveva alcune doti, ed era giovane. Così anche lui, che pure mancava di un baricentro cogente e inevitabile, aveva necessariamente i suoi ideali.

All'epoca si occupava di alcuni libri in cui alcuni giovani mirabilmente duttili si figuravano di costruire una nuova cultura, mattone su mattone, semplicemente derubando ora Ruskin, ora Nietzsche di ogni gioiellino, purché fosse bello e facilmente riproducibile, ricorrendo a una lingua delicata ed armoniosa. Quei libri erano molto più divertenti da leggere degli stessi Ruskin e Nietzsche; erano di una grazia civettuola, grandi nelle piccole sfumature e nel loro splendore nobilmente serico. E quando c'era bisogno di fare colpo, di parole vigorose e passionali, allora citavano Dante o Zarathustra.

Per questo anche la fronte di Homburger era annuvolata, i suoi occhi stanchi come se avessero misurato spazi immensi e il suo passo eccitato e irregolare. Sentiva che il suo insulso mondo quotidiano era attaccato da ogni parte da arieti e che conveniva prestar fede ai profeti e latori della nuova beatitudine. La bellezza e lo spirito avrebbero inondato quel mondo e ogni passo, allora, avrebbe stillato poesia e saggezza.

Davanti alle sue finestre erano in attesa il cielo stellato, le nubi che si libravano, il parco sognante, i campi immersi in un respiro di sogno e la bellezza della notte. Tutto ciò era in attesa che lui andasse alla finestra e li guardasse. In attesa di ferire il suo cuore, inondandolo di nostalgia e di struggente desiderio, di rinfrescare i suoi occhi, di liberare le ali legate della sua anima. Ma lui si mise a letto, avvicinò a sé il lume e continuò a leggere, sdraiato.

Paul Abderegg aveva spento il lume, ma non dormiva: in camicia da notte, era seduto sul davanzale della finestra e guardava le tranquille chiome degli alberi. Aveva dimenticato Frithjof l'eroe. Non pensava a niente di preciso, e si godeva quell'ora tarda, quella sensazione di felicità non lo faceva dormire. Com'erano belle le stelle, nell'oscurità! E come aveva suonato il papà, quella sera! E com'era silenzioso e fiabesco il giardino, immerso nel buio!

Il fanciullo era avvolto dalla notte di giugno, tenera e fitta; gli veniva incontro lentamente, rinfrescando quello che, dentro di lui, era ancora caldo e ardente. Smorzò lievemente l'esuberanza della sua giovinezza, finché i suoi occhi non furono tranquilli, le tempie fresche, e poi lo guardò sorridendo negli occhi, come una buona mamma. Lui non sapeva più chi lo stesse guardando e dove si trovasse: era coricato sul suo giaciglio, respirava profondamente e guardava, spensieratamente abbandonato, quei grandi occhi muti, nel cui specchio ieri ed oggi diventavano immagini stranamente intrecciate e difficilmente districabili.

Anche la finestra del laureando era ormai buia. Se sulla via maestra fosse passato un viandante, e avesse visto villa e piazzale, parco e giardino tacitamente immersi nel sonno, si sarebbe guardato indietro con una certa nostalgia e si sarebbe rallegrato, non senza invidia, di quella vista serena. E se fosse stato un povero accattone senza tetto, avrebbe potuto tranquillamente entrare nel parco, fiduciosamente sempre aperto, e cercarsi la panchina più lunga per trascorrervi la notte.

Quella mattina, contro ogni abitudine, il precettore si svegliò prima degli altri. Non ne fu certo contento. Con tutto quel leggere alla fioca luce del lume si era preso un bel mal di testa; quando alla fine l'aveva spento, il letto era già troppo caldo e disfatto per dormire. Quindi si alzò, lucido e infreddolito, con gli occhi stanchi. Avvertiva più chiara che mai la necessità di un nuovo Rinascimento ma, per il momento, non aveva alcuna voglia di proseguire i suoi studi e provava invece un gran bisogno di aria fresca. Così lasciò la casa, quatto quatto e si avviò lentamente in direzione dei campi.

Dappertutto erano già al lavoro i contadini. Lanciavano a quel giovane che avanzava grave un'occhiata fugace e di tanto in tanto, gli pareva, anche un po' beffarda. Gli dispiacque e si affrettò a raggiungere il vicino bosco, dove fu avvolto dalla frescura e da una mite penombra. Girellò una mezz'ora, scontento; poi avvertì una sensazione di vuoto e cominciò a domandarsi se presto ci sarebbe stato il caffè. Fece dietrofront e si avviò verso casa, passando davanti ai campi già riscaldati dal sole e agli instancabili contadini.

Sotto il portone, gli parve d'un tratto che fosse poco elegante arrivare a colazione così di fretta, animato e affamato. Girò sui tacchi, fece violenza su se stesso e decise di passeggiare un poco per i viali, a passo moderato, per non presentarsi a tavola tutto trafelato. Con andatura studiatamente rilassata, si avviò per il viale dei platani e stava per piegare verso l'angolo degli olmi, quando fu spaventato da uno spettacolo inatteso.

Sull'ultima panchina, un po' nascosta dal cespuglio di sambuchi, era coricato un uomo. Stava bocconi, col viso appoggiato su braccia e gomiti. Nella paura del primo momento, il signor Homburger fu incline a pensare a un gesto atroce, ma il respiro quasi profondo di quell'uomo gli fece capire di trovarsi di fronte a qualcuno che dormiva. Aveva un aspetto malconcio, e quanto più quel dotto signore si rendeva conto di trovarsi davanti a un ragazzetto giovane e poco forzuto, tanto più nella sua anima crescevano il coraggio e lo sdegno. Un senso di superiorità e d'orgoglio virile s'impadronirono di lui e, dopo un breve indugio, si avvicinò risolutamente al dormiente, cominciando a scuoterlo.

«In piedi! Che ci fa qui?»

Quel garzoncello di bottega si sollevò, vacillando atterrito, e si guardò intorno in preda all'angoscia, senza capire. Vide davanti a sé un imperioso signore in finanziera e per un po' si domandò che cosa significasse tutto ciò, finché non gli venne in mente che era entrato in un giardino aperto per passarvi la notte. Intendeva proseguire allo spuntar del giorno, ma aveva dormito troppo e era stato chiamato a render conto delle sue azioni.

«Non sa dirmi che cosa ci fa?»

«Ho solo dormito», sospirò quello in risposta all'assalto, e finì di alzarsi. Quando fu in piedi, la sua corporatura mingherlina confermò l'espressione immatura e giovanile del suo volto quasi di bimbo. Avrà avuto al massimo diciotto anni.

«Venga con me!», ordinò il laureando, portandosi a casa lo sconosciuto, che lo seguì apaticamente. Proprio sulla porta, incontrarono il signor Abderegg.

«Buon giorno, signor Homburger. È in piedi di buon'ora! Ma che strana compagnia ci porta?»

«Questo ragazzo ha usato il suo parco come ricovero per la notte. Ho pensato di doverglielo riferire immediatamente.»

Il padrone di casa capì all'istante. Sorrise sotto i baffi.

«La ringrazio, caro signore. Detto francamente, non avrei mai supposto che lei fosse così tenero di cuore. Ma lei ha ragione: è evidente che dobbiamo dare a questo ragazzo come minimo un caffè. Vuol dire alla domestica, là dentro, di mandar fuori una colazione per lui? No, aspetti, lo portiamo subito in cucina. Venga, ragazzo, è avanzato sicuramente qualcosa.»

Durante la colazione, il cofondatore di una nuova cultura si circondò di una maestosa nube di gravità e silenzio, cosa che divertì non poco il vecchio. Non fece però nessuna battuta, perché tutti i suoi pensieri erano presi dagli ospiti attesi per quel giorno.

La zia continuava a saltellare da una camera all'altra, premurosa e sorridente; i domestici prendevano moderatamente parte all'eccitazione generale, oppure se ne stavano a guardare, sogghignando; e verso mezzogiorno il padrone di casa salì con Paul in carrozza, per andare alla stazione.

Anche se la natura abitudinaria di Paul lo induceva a temere le interruzioni che la presenza di ospiti apportava alle sue pacifiche vacanze, egli trovava altrettanto naturale, una volta che fossero arrivati, cercare di conoscerli meglio che poteva, osservare la loro natura e, in certo qual modo, farli suoi. Così, durante il viaggio di ritorno nella carrozza un po' sovraccarica, osservò i tre forestieri con tacita attenzione, dapprima il professore, che parlava animatamente, e poi, con un po' di timidezza, le due ragazze.

Il professore gli piaceva, anche perché sapeva che era un amico intimo di suo padre. Per il resto lo trovava un po' severo e anzianotto, ma non antipatico e comunque indicibilmente intelligente. Era molto più difficile giudicare le ragazze. Una era davvero giovane, un'adolescente, più o meno della sua età. Restava da vedere se fosse di quelle beffarde o di quelle cordiali; a seconda dei casi, tra loro ci sarebbe stata guerra o amicizia. In fondo le ragazze di quell'età erano tutte uguali, e con tutte era difficile parlare e andare d'accordo. Gli piaceva comunque il fatto che, almeno, se ne stava zitta, senza fare subito un sacco di domande.

L'altra gli dava più da pensare. Aveva forse ventitré o ventiquattro anni, anche se gli restava difficile giudicare, e apparteneva a quel genere di donne che Paul amava vedere e osservare da lontano, ma vicino alle quali si sentiva timido e, generalmente, molto imbarazzato. In tali creature, non riusciva assolutamente a distinguere la bellezza naturale dall'eleganza di abiti e atteggiamento; trovava perlopiù che i loro gesti e le loro acconciature fossero affettati e presumeva, in loro, una gran quantità di conoscenze superiori a proposito di argomenti che per lui erano un profondo enigma.

A pensarci meglio, era un genere che odiava. Sembravano tutte belle, ma avevano tutte anche lo stesso contegno sprezzantemente tenero e sicuro, le stesse altezzose pretese e la stessa sdegnosa condiscendenza nei confronti dei ragazzi della sua età. E quando ridevano, o sorridevano, cosa che facevano piuttosto di frequente, era in modo insopportabilmente rigido e falso. Da questo punto di vista, le adolescenti erano molto più tollerabili.

Alla conversazione prese parte, oltre ai due uomini, solo la signorina Thusnelde: la maggiore, quella elegante. Berta, piccola e bionda, taceva con la stessa timida ostinazione di Paul, davanti al quale era seduta. Portava un grande cappello di paglia naturale, morbido e ornato di nastri azzurri, e un leggero abito estivo senza cintura, celeste e coi bordini bianchi. Sembrava completamente assorbita dalla vista dei campi soleggiati e dei torridi prati coltivati a fieno.

Nel frattempo però, gettava spesso un rapido sguardo in direzione di Paul. L'idea di andare a Erlenhof le sarebbe piaciuta immensamente, se solo non ci fosse stato il ragazzo. A dire il vero sembrava molto a posto, ma intelligente, e quelli intelligenti erano di solito i più antipatici. All'occasione, sarebbe uscito con qualche subdola parola straniera o domanda condiscendente, ad esempio come si chiamasse quel certo fiore di campo, per poi sorridere spudoratamente quando si fosse accorto che lei non lo sapeva. Era lo stesso con i suoi due cugini, l'uno universitario e l'altro liceale: il liceale era il peggiore, talvolta di un'impertinenza infantile e talvolta di quella cortesia cavalleresca insopportabilmente beffarda, di cui aveva tanta paura.

Almeno una cosa, però, Berta l'aveva imparata e aveva deciso di attenervisi anche in quel frangente: non doveva piangere, in nessun caso. Né piangere né adirarsi, altrimenti era perduta. E non lo voleva assolutamente. La confortò pensare che, comunque, ci sarebbe stata anche una zia: se ce ne fosse stato bisogno, a lei si sarebbe rivolta, per protezione.

«Paul, sei muto?», esclamò d'un tratto il signor Abderegg.

«No, papà. Perché?»

«Perché dimentichi che non sei solo in carrozza. Potresti essere un po' più gentile, con Berta.»

Paul sospirò impercettibilmente. Si cominciava.

«Vede, signorina Berta, la nostra casa è là dietro.»

«Ma ragazzi, non vi darete del lei!»

«Non lo so, papà. Credo di sì.»

«Be', smettetela! Non è davvero il caso.»

Berta era diventata tutta rossa, ma Paul non se ne accorse nemmeno, perché anche lui era nelle stesse condizioni. La loro conversazione era già terminata, e furono entrambi contenti che i genitori non se ne accorgessero. Cominciavano a sentirsi a disagio e quando, con un improvviso cigolare, la carrozza imboccò il viale di ghiaia e arrivò davanti alla casa, tirarono un respiro di sollievo.

«Prego, signorina», disse Paul, aiutando Berta a scendere. E fu dispensato dal prendersi ulteriormente cura di lei, perché sulla porta c'era già la zia; ammiccava e tendeva la mano con tanta lieta e cordiale ospitalità, dando il benvenuto a tutti una prima e poi una seconda volta, che sembrava che la casa tutta sorridesse, si aprisse e invitasse ad entrare. Gli ospiti furono accompagnati nelle loro camere e sollecitati a venire presto a tavola, debitamente affamati.

Sulla tavola candida erano stati disposti due grandi mazzi di fiori, il cui profumo si univa a quello delle vivande. Il signor Abderegg tagliò l'arrosto mentre la zia, con occhio attento, sorvegliava piatti e zuppiere. Il professore, in finanziera, era seduto allegro e solenne al posto d'onore; lanciava sguardi teneri alla zia e disturbava il padrone di casa, alacremente affaccendato, con innumerevoli domande e barzellette. La signorina Thusnelde aiutava, premurosa e sorridente, a porgere i piatti, ma non si riteneva sufficientemente impegnata perché, seduto accanto a lei, c'era il laureando che, se mangiava poco, parlava ancora meno. La presenza di un antiquato professore e di due giovani signore aveva su di lui un effetto pietrificante. Nel costante timore di attacchi o addirittura di offese alla sua giovane dignità, stava sempre sulla difensiva, cercando di sventarli con sguardi gelidi e un rigido silenzio.

Berta era seduta accanto alla zia e si sentiva protetta. Paul si dedicava con accanimento al cibo, onde non essere coinvolto nella conversazione: si lasciò andare e si godette quel pasto più di tutti gli altri.

Verso la fine del pranzo, il padrone di casa era riuscito a prendere la parola, dopo un'animata battaglia con il suo amico, e non smise più di tenere banco. Il professore sconfitto ebbe così modo di mangiare, e recuperò energicamente il tempo perduto. Il signor Homburger si accorse finalmente che nessuno pensava ad attaccarlo; si rese conto, troppo tardi, che il suo silenzio era stato poco elegante e gli parve che la sua vicina lo osservasse con sguardo beffardo. Allora chinò tanto la testa che sotto il mento gli comparve una leggera ruga e inarcò le sopracciglia, dando l'impressione di rimuginare certi problemi.

Visto il silenzio del precettore, la signorina Thusnelde si era messa a chiacchierare confidenzialmente con Berta; interveniva anche la zia.

Paul, nel frattempo, aveva mangiato a quattro palmenti e, sentendosi completamente sazio, aveva deposto coltello e forchetta. Sollevando lo sguardo, colse per caso il professore proprio in un momento assai comico: aveva un grosso boccone tra i denti, ancora in punta di forchetta, quando la sua attenzione fu attratta da un'espressione forte nel discorso di Abderegg. Così, per un attimo, dimenticò di ritrarre la forchetta e fissò l'amico intento a parlare, ad occhi spalancati e bocca aperta. Allora Paul, in preda a un impulso irrefrenabile di ridere, scoppiò in un risolino trattenuto a fatica.

Il signor Abderegg, nella foga del discorso, trovò appena il tempo di lanciargli uno sguardo adirato. Il laureando ritenne che quella risata fosse indirizzata a lui e si morse il labbro inferiore. Berta scoppiò anche lei a ridere, senza saper bene perché. Era davvero contenta che Paul fosse uscito con una tale ragazzata: almeno non era uno di quelli impeccabili.

«Cos'è che la diverte tanto?», domandò la signorina Thusnelde.

«Niente di particolare.»

«E te, Berta?»

«No, niente. Ridevo anch'io senza motivo.»

«Posso versarle ancora del vino?», chiese il signor Homburger con tono forzato.

«No, grazie.»

«A me sì, grazie», intervenne gentilmente la zia, che però poi non lo toccò, il suo vino.

Era stato sparecchiato e furono portati caffè, cognac e sigari.

La signorina Thusnelde chiese a Paul se fumasse anche lui.

«No», rispose, «non mi piace proprio.»

Dopo una breve pausa aggiunse, in un impeto di sincerità: «Non ne ho neppure il permesso».

A queste parole, la signorina Thusnelde gli sorrise maliziosamente, inclinando la testa leggermente di lato. In quel momento parve davvero affascinante al ragazzo, che si pentì dell'odio precedentemente nutrito nei suoi confronti.

Sapeva anche essere molto simpatica.

La serata era così calda e invitante che, alle undici, si era ancora seduti in giardino, sotto la luce un po' vacillante delle lanterne a vento. E nessuno pensava più al fatto che gli ospiti si erano dichiarati stanchi del viaggio e intenzionati ad andare a letto presto.

In quella lieve afa giungevano, sognanti e disuguali, ondate di aria calda; il cielo lassù era limpido e trapunto di stelle, scintillante per l'umidità; in direzione dei monti si tingeva d'un nero profondo e dorato, esaltato dalle febbrili venature dei lampi di calore. I cespugli emanavano un profumo dolce e greve, e il gelsomino bianco fendeva l'oscurità con bagliori fiochi ed incerti.

«Lei crede quindi che questa riforma della nostra cultura non sarà il frutto della coscienza popolare ma di uno o pochi geniali pensatori?»

Il professore pose questa domanda con un'inflessione di leggera condiscendenza.

«Sì, credo di sì», ribatté il precettore un po' rigidamente, e si immerse in una lunga dissertazione che nessuno, tranne il professore, stette a sentire.

Il signor Abderegg scherzava con la piccola Berta, che godeva però del sostegno della zia. Se ne stava comodamente appoggiato allo schienale della sedia e beveva vino dolce con acqua frizzante.

«Ha letto anche *Ekkehard*?», domandò Paul alla signorina Thusnelde.

Era su una sedia a sdraio molto abbassata e teneva la testa all'indietro, guardando il cielo.

«Certo», rispose. «Ma a lei tali libri dovrebbero essere ancora proibiti.»

«E perché mai?»

«Perché non può certo capirli fino in fondo.»

«Lei crede?»

«È naturale.»

«Ci sono dei passi che forse io ho capito meglio di lei.»

«Ah sì? E quali?»

«Quelli in latino.»

«Ma cosa dice mai!»

Paul era molto allegro. Quella sera aveva avuto il permesso di bere un po' di vino e trovava delizioso stare a parlare in quella notte tenera e buia, cercando di scuotere un po' quell'elegante signora dalla sua placida pigrizia e di indurla a controbattere animatamente oppure a ridere. Ma lei non lo guardava. Se ne stava immobile, col viso rivolto verso l'alto, una mano sulla sedia e l'altra a sfiorare il terreno. Il suo collo bianco e il suo volto anch'esso bianco si stagliavano contro gli alberi neri, mandando bagliori opachi.

«Che cosa le è piaciuto di più, in *Ekkehard*?», domandò al ragazzo, continuando a non guardarlo.

«L'ebbrezza di Spazzo.»

«Davvero?»

«No, la cacciata della vecchia del bosco.»

«Allora?»

«O forse in realtà il punto che mi è piaciuto di più è quello in cui Praxedis lo fa evadere dal carcere. È bello.»

«Sì, è bello. Com'era, esattamente?»

«Quando lei sparge la cenere...»

«Sì, sì, ricordo.»

«Ma adesso anche lei deve dirmi che cosa le è piaciuto di più.»

«In *Ekkehard*?»

«Naturalmente.»

«Lo stesso punto. Quando Praxedis aiuta il monaco a fuggire. Quando gli dà un ultimo bacio e poi, sorridendo, ritorna nel castello.»

«Sì... sì», disse lentamente Paul, che non riusciva a ricordare quel bacio.

La discussione del professore con il precettore si era conclusa. Il signor Abderegg si accese un Virginia e Berta, curiosa, osservò come facesse carbonizzare la punta di quel lungo sigaro sulla fiamma della candela. La ragazza aveva cinto col braccio la vita della zia, seduta accanto a lei, e ascoltava con gli occhioni spalancati le esperienze favolose che l'anziano signore le raccontava. Si trattava di avventure di viaggio, precisamente a Napoli.

«Ma è tutto vero?», osò domandare, una volta.

Il signor Abderegg scoppiò a ridere.

«Dipende da lei, signorinella. In una storia, di vero, c'è soltanto quello che l'ascoltatore considera tale.»

«Ma no! Ora lo chiedo a papà.»

«Lo faccia!»

La zia carezzò la mano di Berta, che le cingeva la vita. «Sta scherzando, bambina mia.»

Ascoltava quel chiacchiericcio, allontanava gli insetti notturni che svolazzavano intorno al bicchiere di suo fratello e rivolgeva a chiunque la guardasse un'occhiata benevola. Era felice di tutto: dei vecchi signori, di Berta, di Paul che parlava animatamente, della bella Thusnelde che, tenendosi un po' in disparte, osservava la notte, e del precettore che ripensava compiaciuto ai suoi discorsi intelligenti. Era ancora abbastanza giovane e non aveva dimenticato come, in gioventù, quelle notti estive in giardino procurino una sensazione di calore e di benessere. Quante sorti attendevano ancora quei bei giovani e quei vecchi intelligenti! Ed anche il precettore. Come erano importanti, per ciascuno di loro, la propria vita e i propri pensieri e i propri desideri! E com'era graziosa la signorina Thusnelde! Una vera bellezza.

La buona signora carezzava la mano destra di Berta, sorrideva con affetto al laureando che se ne stava un po' isolato e, di tanto in tanto, allungava la mano dietro la sedia del padrone di casa, per controllare che anche la sua caraffa fosse ancora nel ghiaccio.

«Mi racconti qualcosa della sua scuola!», disse Thusnelde a Paul.

«La scuola! Ma adesso sono in vacanza!»

«Non ci va volentieri, al ginnasio?»

«Conosce qualcuno che ci va volentieri?»

«Ma vorrà pur andare all'università?»

«Certo che lo voglio.»

«Ma che cosa le piacerebbe di più?»

«Ancora di più... Ah... Ancora di più mi piacerebbe diventare bucaniere.»

«Bucaniere?»

«Sissignori, bucaniere. Pirata.»

«Ma non potrebbe più leggere tanto.»

«Non ce ne sarebbe bisogno. Saprei come passare il tempo.»

«Lei crede?»

«Certo. Farei...»

«Sì?»

«Farei... no, non glielo posso dire.»

«Allora non lo dica.»

Cominciava ad annoiarsi. Si voltò allora verso Berta e l'aiutò ad ascoltare. Papà era enormemente divertente. Ormai era il solo a parlare; stavano tutti a sentire lui, ridendo.

A quel punto la signorina Thusnelde si alzò lentamente, col suo abito sciolto ed elegante, di taglio inglese, e si avvicinò al tavolo.

«Vorrei dare la buona notte.»

Allora tutti si alzarono, guardarono l'orologio e si resero conto, stupefatti, che era già mezzanotte.

Nel breve tratto che li separava dalla villa Paul camminò accanto a Berta che, tutto d'un tratto, gli piaceva molto, soprattutto da quando l'aveva sentita ridere così di cuore per le battute di suo padre. Era stato un asino a irritarsi tanto per quella visita. Era proprio bello passare le serate così, a chiacchierare con le ragazze.

Si sentiva un cavaliere e cominciò a rammaricarsi di essersi dedicato solo all'altra, per tutta la sera. Quella era una birba. Berta gli piaceva di più e gli dispiaceva non esserle stato vicino. E cercò di dirglielo. Lei sorrise.

«Oh, suo padre era così divertente! Davvero incantevole.»

Le propose, per l'indomani, una passeggiata sullo Eichelberg. Non era lontano, e davvero bello. Cominciò a descriverlo e parlò, tutto infervorato, della strada e della vista.

Proprio mentre era nel più bello del discorso gli passò davanti la signorina Thusnelde. Si girò appena e lo guardò in faccia. Lo fece con calma, e quasi curiosa, ma a lui parve beffarda, e ammutolì immediatamente. Berta gli lanciò un'occhiata stupita e intuì che era seccato, senza capire perché.

Erano già a casa. Berta porse la mano a Paul, che le dette la buona notte. Lei fece un cenno col capo e si allontanò.

Thusnelde se ne era già andata, senza dargli la buona notte. La vide salire le scale con un lume in mano e, mentre la osservava, s'irritò per causa sua.

Paul era nel suo letto, sveglio, in preda alla dolce febbre di quella calda notte. L'afa stava aumentando e, sulle pareti, guizzavano di continuo i lampi di calore. Di tanto in tanto gli pareva di udire, lontano, un debole tuono. A lunghe pause, andava e veniva un vento leggero, che riusciva a far stormire appena le chiome degli alberi.

Il ragazzo ripensava, quasi in sogno, alla serata appena trascorsa, e sentiva che era stato un giorno diverso dal solito. Gli parve di essere più adulto, o forse quel giorno era riuscito, nella parte dell'adulto, meglio che nei tentativi precedenti. Con la signorina aveva parlato in modo davvero spigliato, e poi anche con Berta.

Lo tormentava il dubbio che Thusnelde non lo avesse preso sul serio. Forse aveva solo giocato, con lui. E poi, la storia del bacio di Praxedis, doveva controllarla, l'indomani. Che davvero non avesse capito, oppure se lo fosse dimenticato?

Gli sarebbe piaciuto sapere se la signorina Thusnelde era proprio bella, davvero bella. A lui sembrava, ma non aveva fiducia né in sé né in lei. Il modo in cui se ne stava sulla sedia a sdraio, alla debole luce della lanterna, per metà seduta e per metà sdraiata, così calma e slanciata, con la mano a sfiorare il terreno, gli era piaciuto davvero. Il modo in cui guardava pigramente verso l'alto, per metà stanca e per metà soddisfatta, con l'esile collo bianco su quel chiaro abito lungo da signora, avrebbe potuto essere il soggetto di un dipinto.

Certo, Berta gli piaceva decisamente di più. Era forse un po' troppo ingenua, ma graziosa e soave, e con lei si poteva parlare senza il sospetto che si stesse segretamente prendendo gioco di te. Se avesse parlato con lei fin dall'inizio, invece che solo all'ultimo momento, forse avrebbero potuto essere già buoni amici. E poi cominciava a dispiacergli che gli ospiti volessero trattenersi soltanto due giorni.

Ma perché l'altra, mentre lui rincasando rideva con Berta, l'aveva guardato in quel modo?

Se la rivide passare davanti e girarsi; rivide anche il suo sguardo. Ricostruì la scena con chiarezza, e non poté fare a meno di ammettere che era stato uno sguardo di beffarda superiorità. Era proprio bella. Perché? Ancora per *Ekkehard*? O perché aveva riso con Berta?

La collera lo perseguitò anche durante il sonno.

La mattina successiva il cielo era completamente coperto, ma non aveva piovuto. Dappertutto aleggiava l'odore del fieno e della polvere calda.

«Che peccato», disse Berta scendendo, «non potremo fare la nostra passeggiata, oggi.»

«Può anche darsi che regga tutto il giorno», la consolò il signor Abderegg.

«In genere non vai matta per le passeggiate», interloquì la signorina Thusnelde.

«Ma ci stiamo così poco, qui!»

«Abbiamo una pista per giocare a birilli», propose Paul. «In giardino. Ed anche a croquet. Ma il croquet è noioso.»

«A me piace giocare a croquet», interloquì la signorina Thusnelde.

«E allora giochiamo.»

«Bene, più tardi. Dobbiamo prima fare colazione.»

Dopo colazione i ragazzi scesero in giardino; a loro si unì il laureando. Trovarono che l'erba era troppo alta per giocare a croquet e, così, si decisero per l'altro gioco. Paul andò subito a prendere i birilli e li mise in posizione.

«Chi comincia?»

«Sempre chi lo chiede.»

«D'accordo. Chi sta con me?»

La prima squadra fu formata da Paul e Thusnelde. Lui sapeva giocare davvero bene e sperava, a questo proposito, di essere lodato o anche solo canzonato dalla ragazza. Ma lei prestava pochissima attenzione al gioco e non se ne accorse nemmeno. Quando Paul le porgeva la pallina, la tirava sbadatamente e non contò neppure una volta quanti birilli fossero caduti. Conversava invece col precettore, a proposito di Turgenev. Il signor Homburger, quel giorno, era molto cortese. Soltanto Berta era completamente presa dal gioco. Aiutava sempre a rimettere in piedi i birilli e si lasciò spiegare da Paul come si fa a prendere la mira.

«Centrato il re!», esclamò Paul. «Signorina, ora vinciamo di sicuro. Questo colpo vale dodici punti.»

Lei si limitò ad annuire.

«In realtà Turgenev non è un vero russo», disse il laureando, dimenticando che toccava a lui tirare. Paul montò su tutte le furie.

«Signor Homburger, tocca a lei!»

«A me?»

«Certo, la stiamo tutti aspettando.»

Gli avrebbe tirato volentieri la pallina negli stinchi. Berta notò la sua irritazione e divenne ancora più inquieta, non riuscendo più a centrare un birillo.

«Per me possiamo anche smettere.»

Nessuno aveva niente in contrario. La signorina Thusnelde si allontanò lentamente e il precettore la seguì. Paul, seccato, rovesciò con un calcio i birilli ancora in piedi.

«Continuiamo noi due?», chiese timidamente Berta.

«In due non c'è gusto. Ora rimetto tutto a posto.»

Lo aiutò come meglio le riuscì. Quando tutti i birilli furono nella scatola, egli si guardò dintorno, alla ricerca di Thusnelde. Era scomparsa nel parco. È naturale: ai suoi occhi lui non era altro che uno stupido ragazzo.

«E ora?»

«Mi vuol mostrare un po' il parco?»

Allora si avviò per i vialetti di passo così veloce che Berta rimase senza fiato e, per stargli dietro, dovette quasi correre. Le mostrò il boschetto e il viale di platani, poi il faggio rosso e i prati. Mentre quasi si vergognava di essere così rozzo e laconico si rese conto, stupefatto, che davanti a Berta non si sentiva mai a disagio. La trattava come se avesse avuto due anni di meno. E lei era silenziosa, timida e gentile; non diceva una parola e, di tanto in tanto, lo guardava come se volesse farsi perdonare qualcosa.

Vicino al salice piangente incontrarono gli altri due. Il laureando parlava ancora; la signorina era invece silenziosa e pareva di cattivo umore. Paul divenne d'un tratto loquace. Fece notare agli altri il vecchio albero, aprì un varco fra i rami cadenti e mostrò la panchina tonda che correva tutt'intorno all'albero.

«Sediamoci», ordinò la signorina Thusnelde.

Si sedettero tutti sulla panchina, uno accanto all'altro. L'aria era calda e carica di vapori; la verde penombra era fiacca e greve, e un po' soporifera. Paul era seduto a destra di Thusnelde.

«Che silenzio!», cominciò il signor Homburger.

La signorina annuì.

«E che caldo!», aggiunse. «Stiamo un po' senza parlare.»

Rimasero tutti e quattro seduti in silenzio. Accanto a Paul, sulla panchina, c'era la mano di Thusnelde, una mano di donna, lunga e affusolata, con le dita esili e le unghie ben curate, che mandavano bagliori opachi. Paul prese a fissare quella mano. Usciva da un'ampia manica verde chiaro ed era bianca come quel braccio che si intravedeva un po' anche oltre il polso; rispetto al polso era leggermente piegata verso l'esterno, immobile come se fosse stanca.

Tacevano tutti. Paul pensava alla sera prima. Anche allora aveva visto quella mano abbandonata, quieta ed immobile, e la sua persona così ferma, metà seduta e metà sdraiata. Si addiceva a lei, alla sua figura e ai suoi abiti, alla sua voce piacevolmente morbida, non del tutto libera, ed anche al suo volto che, con quegli occhi calmi, pareva così intelligente e premuroso e rilassato.

Il signor Homburger dette un'occhiata all'orologio.

«Le signore mi perdoneranno, devo andare al lavoro. Lei rimane, vero?», aggiunse rivolto a Paul.

Fece un inchino e se ne andò.

Gli altri rimasero seduti, in silenzio. Paul aveva avvicinato la sua mano sinistra, lentamente e con timorosa cautela, come un criminale, alla mano della donna, arrivando quasi a toccarla. Non sapeva perché l'avesse fatto. Era accaduto contro la sua volontà e provò una tale sensazione di soffocante oppressione che la fronte gli si imperlò di sudore.

«Anche a me non piace il croquet», disse Berta, pianissimo, come in sogno. La partenza del precettore aveva lasciato un vuoto tra lei e Paul e la ragazza, da allora, non aveva fatto altro che chiedersi se avvicinarsi o no. Più temporeggiava, più le pareva difficile farlo e così riprese a parlare, unicamente per non sentirsi sola.

«Non è davvero un gioco simpatico», aggiunse con voce insicura, dopo una lunga pausa. Ma non rispose nessuno.

Ci fu di nuovo silenzio. A Paul sembrava di sentir battere il suo cuore. Provava l'impulso di balzare in piedi e dire qualcosa di sciocco o di divertente, oppure di scappare. Ma rimase a sedere con la mano vicinissima a quella di lei, con la sensazione che gli stessero togliendo l'aria, a poco a poco, fino a farlo soffocare. Ma, per quanto triste e straziante, era piacevole.

La signorina Thusnelde osservava, col suo sguardo quieto e stanco, il volto di Paul. S'avvide che il ragazzo fissava la propria mano sinistra, ferma sulla panchina accanto alla sua destra.

Allora sollevò appena la sua mano destra e l'appoggiò fermamente su quella di Paul, dove la lasciò.

La mano di lei era morbida ma forte, d'un calore asciutto. Paul si spaventò come un ladro colto in flagrante e prese a tremare, ma non ritrasse la mano. Il cuore gli batteva così forte che riusciva appena a respirare; tutto il suo corpo ardeva e rabbrividiva al tempo stesso. Lentamente, impallidì, e rivolse alla signorina uno sguardo atterrito e implorante.

«Si è spaventato?», disse lei, piano. «Credevo si fosse addormentato.»

Non riuscì a dire niente. Lei aveva ritirato la mano, ma lui no: gli pareva di avvertire ancora quel contatto. Desiderava ritrarla, ma era così spossato e confuso che non era in grado di formulare pensieri e prendere decisioni di alcun genere, neppure quella.

D'un tratto percepì alle sue spalle un gemito soffocato, e ne ebbe paura. Si liberò e balzò in piedi, respirando profondamente. Anche Thusnelde si era alzata.

Berta era sempre seduta al suo posto, e singhiozzava piegata in due.

«Lei vada», disse Thusnelde a Paul, «noi la seguiamo tra un istante.» E, mentre Paul se ne andava, aggiunse: «Le è venuto mal di testa».

«Vieni, Berta. Fa troppo caldo qui, c'è un'afa soffocante. Vieni, ricomponiti. Torniamo in casa.»

Berta non rispose. Il suo collo magro era appoggiato alla manica celeste del suo abitino leggero da adolescente, dal quale spuntava un braccio esile e angoloso, con un polso largo. Continuò a piangere, singhiozzando sommessamente finché, dopo un po', rossa in volto e stupita si raddrizzò e cominciò a sorridere, lentamente e meccanicamente.

Paul non aveva requie. Perché Thusnelde aveva appoggiato la mano sulla sua? Solo per scherzo? O sapeva di fargli male? Non appena cercava di rivivere quell'istante provava di nuovo la medesima sensazione, un soffocante crampo di molti nervi o vene, una pressione e una leggera vertigine alla testa, un'arsura in gola, uno strano, irregolare ondeggiare del cuore, che lo paralizzava, come se il polso fosse stato impedito. Ma, per quanto doloroso, era piacevole.

Andò oltre la casa, verso lo stagno, in su e giù per i filari di alberi da frutto. L'afa continuava ad aumentare. Il cielo, nel frattempo, si era coperto completamente e minacciava un acquazzone. Non c'era un alito di vento ma ogni tanto, tra i rami, passava un lieve brivido esitante che faceva tremare, per un attimo, anche lo specchio liscio e argenteo del lago, increspandolo appena.

Il ragazzo scorse la vecchia barchetta, legata alla sponda erbosa. Vi salì, sedendosi sull'ultimo banco rimasto. Ma non slegò quella piccola imbarcazione; tra l'altro, da tempo non c'erano più remi. Immerse le mani nell'acqua, che era disgustosamente tiepida.

Senza accorgersene, fu sopraffatto da un'immotivata tristezza. Gli parve di essere nel mezzo di un incubo: come se, anche volendo, non potesse muovere nessuna parte del corpo. La luce fioca, il cielo cupo e nuvoloso, lo stagno tiepido e caliginoso e quel vecchio legno senza remi, con la chiglia coperta di muschio, tutto gli pareva malinconico, triste e miserevole, abbandonato a uno sconforto scialbo e greve che lui, senza motivo, condivideva.

Dalla casa gli giunse una musica di pianoforte, fievole e indistinta. Allora gli altri erano in casa; con ogni probabilità era papà a suonare. Paul riconobbe presto anche il brano: era la musica di Grieg per il *Peer Gynt,* e sarebbe rientrato volentieri. Ma rimase seduto, con gli occhi fissi oltre quell'acqua immota e i rami degli alberi, fermi e stanchi, verso il cielo cupo. Non gli riusciva nemmeno essere contento del temporale, come al solito, anche se sicuramente sarebbe scoppiato presto e sarebbe stato il primo di quell'estate.

Poi la musica cessò e, per un po', ci fu silenzio, finché non risuonarono un paio di accordi delicati, come di ninnananna, una melodia timida e insolita. E poi un canto, una voce di donna. Paul non conosceva quel Lied, non l'aveva mai sentito, né stette a pensarci troppo. Ma la voce la conosceva, era una voce un po' stanca e lievemente smorzata. Era Thusnelde. Il suo canto, forse, non era niente di particolare, ma colpiva ed eccitava il ragazzo come il tocco della sua mano, in modo altrettanto angoscioso e straziante. Ascoltava immobile; era ancora seduto ad ascoltare quando, nello stagno, caddero le prime gocce di pioggia, tiepide e lievi. Gli bagnarono le mani e il viso, ma lui non se ne accorse. Sentiva solo che, intorno a lui o anche dentro di lui, si stava addensando e gonfiava qualcosa di teso e penetrante, in continuo fermento, che cercava una via d'uscita. Gli venne subito in mente un passo dello *Ekkehard* e, in quell'istante, fu sorpreso e atterrito da una repentina sicurezza: sapeva di amare Thusnelde. Ma sapeva anche che lei era adulta, una donna, e lui uno scolaretto; e che in ogni caso l'indomani sarebbe ripartita.

In quel momento percepì — il canto era cessato già da un pezzo — lo squillo argentino della campanella che chiamava a tavola e, lentamente, Paul si avviò verso casa. Davanti alla porta si asciugò le mani dalla pioggia, se le passò tra i capelli e fece un respiro profondo, come se fosse in procinto di compiere un passo difficile.

«Oh, piove già», si lamentò Berta. «Non se ne fa niente, vero?»

«Di che cosa?», domandò Paul, senza alzare gli occhi dal piatto.

«Dovevamo... Mi aveva promesso di portarmi sullo Eichelberg.»

«Già. No, con questo tempo non si può.»

La ragazza desiderava ardentemente che alzasse gli occhi e le chiedesse come stava, ma era anche contenta che non lo facesse. Lui aveva completamente dimenticato quel penoso momento sotto il salice, quando lei era scoppiata in lacrime. Quell'improvvisa esplosione aveva fatto su di lui un'impressione minima, confermandolo semmai nella sua convinzione che lei fosse ancora una ragazzina. Invece di prestarle attenzione, continuava a sbirciare la signorina Thusnelde.

Costei era impegnata in una vivace conversazione col precettore, che si vergognava del suo sciocco comportamento del giorno precedente; parlavano di sport. Come capita a molta gente, anche il signor Homburger discorreva delle cose di cui non sapeva niente in modo più gradevole e fluente che quando trattava argomenti per lui familiari e importanti. La parola era quasi sempre alla donna, e lui si accontentava di domande, gesti d'assenso e interiezioni. La giovane padroneggiava l'arte un po' civettuola della conversazione e riuscì a farlo essere meno impalato del solito; tanto che quando, nel mescere, versò del vino, arrivò a riderne egli stesso e a prendere la cosa con leggerezza ed ironia. Ad ogni modo, per quanto furbescamente tramata, la sua preghiera di poter leggere alla signorina, dopo pranzo, un capitolo di uno dei suoi libri preferiti fu leggiadramente respinta.

«Ti è passato il mal di testa, bambina mia?»

«Sì, completamente», disse Berta a mezza voce. Ma aveva un aspetto davvero miserevole.

«Ah, voi ragazzi!», pensò la zia, cui non era sfuggita neppure l'eccitata insicurezza di Paul. Aveva subodorato qualcosa e decise di non disturbare inutilmente quei due giovani esseri, ma di vigilare ed impedire sciocchezze. Per Paul era la prima volta, ne era sicura. Ancora qualche tempo e poi sarebbe stato troppo grande perché potesse prendersene cura, avrebbe percorso strade che sfuggivano al suo sguardo!... Ah, voi ragazzi!

Fuori era diventato quasi buio. La pioggia cadeva più o meno forte a seconda delle raffiche di vento, il temporale continuava e si sentiva tuonare anche a chilometri di distanza.

«Ha paura dei temporali?», domandò il signor Homburger alla sua dama.

«Al contrario, non conosco niente di più bello. Potremmo andare a guardarcelo dal padiglione. Vieni anche tu, Berta?»

«Se ti fa piacere, senz'altro.»

«E anche lei, signor laureando? Bene, ne sono felice. È il primo temporale di quest'anno, vero?»

Subito dopo pranzo si avviarono, con gli ombrelli aperti, verso il vicino padiglione. Berta prese un libro.

«Non ti vuoi unire agli altri, Paul?» suggerì la zia.

«No, grazie. Devo fare un po' d'esercizio.»

E in preda a un guazzabuglio di sensazioni strazianti, entrò nella sala del pianoforte. Ma aveva appena iniziato a suonare, non sapeva neppure lui che cosa, che entrò suo padre.

«Ragazzo, non potresti spostarti di qualche stanza? È lodevole che tu voglia esercitarti, ma ogni cosa a suo tempo, e noi vecchi, con questa afa, vorremmo tentare di dormire. Arrivederci, ragazzo!»

Il ragazzo lasciò la stanza e attraversò sala da pranzo e corridoio, fino al portone. Vide gli altri che stavano entrando nel padiglione. Quando percepì dietro di sé il passo leggero della zia, uscì rapidamente all'aperto e si mise a correre sotto la pioggia, con la testa scoperta e le mani in tasca. Tuonava sempre di più e nel cielo, d'un grigio nerastro, guizzavano i primi timidi lampi, squarciandolo.

Paul girò intorno alla casa e si avviò verso lo stagno. In preda a una caparbia sofferenza, sentiva la pioggia inzuppargli gli abiti. L'aria incombente, non ancora rinfrescata, lo accaldava, e lui offrì le mani e le braccia denudate fino al gomito alle gocce che cadevano grevi. In quel momento gli altri erano seduti nel padiglione, felici e contenti, a ridere e scherzare, e a lui non pensava nessuno. L'idea di raggiungerli lo attraeva, ma il suo orgoglio ebbe il sopravvento; se non era voluto andare con loro, non era certo il caso di rincorrerli, adesso. Oltretutto, Thusnelde non l'aveva proprio invitato. Aveva detto a Berta e al signor Homburger se volevano andare con lei, e a lui no. Perché?

Bagnato fradicio giunse, senza far caso alla strada, alla casetta del giardiniere. I fulmini imperversavano ora quasi ininterrottamente, disegnando nel cielo linee fantastiche e ardite; la pioggia scrosciava più forte. Sotto la scala di legno della rimessa del giardiniere si udì un tintinnio e ne uscì, ringhiando, il grosso cane da guardia. Quando riconobbe Paul, gli si avvicinò contento e festante. E Paul, sopraffatto da un'improvvisa tenerezza, gli passò un braccio intorno al collo, lo trascinò nel buio sottoscala e gli rimase rannicchiato accanto, a parlargli e carezzarlo, senza rendersi conto del tempo che passava.

Nel padiglione, intanto, il signor Homburger aveva appoggiato il tavolino da giardino in ferro battuto alla parete posteriore, in muratura, sulla quale era dipinto un paesaggio costiero italiano. Quei colori sereni, l'azzurro, il bianco e il rosa, mal si addicevano al grigio della pioggia e parevano soffrire il freddo, nonostante l'afa.

«Avete trovato un brutto tempo, per Erlenhof», disse il signor Homburger.

«Perché? Io trovo che questo temporale sia magnifico.»

Era furibondo che fosse venuta anche la piccola. Proprio adesso che cominciava a intendersi meglio, con la bella Thusnelde.

«Davvero volete ripartire domani?»

«Perché lo dice con quella voce tragica?»

«Mi dovrà pur dispiacere.»

«Davvero?»

«Ma egregia signorina...»

La pioggia tamburellava sul tetto sottile e usciva dagli sbocchi delle grondaie scrosciando violentemente.

«Sa, signor laureando, il suo allievo è davvero un caro ragazzo. Deve essere un piacere insegnare a una persona così.»

«Dice sul serio?»

«Ma certamente. È davvero un magnifico ragazzo... non è vero, Berta?»

«Non lo so, l'ho appena visto.»

«Vuoi dire che non ti piace?»

«Già... appunto.»

«Che cosa rappresenta quella pittura murale, signor laureando? Sembra una veduta della riviera.»

Paul era rincasato due ore dopo, bagnato fradicio e stanco morto, aveva fatto un bagno freddo e si era cambiato d'abito. Poi aspettò che i tre ritornassero e, quando questi arrivarono e nel corridoio si udì la voce di Thusnelde, trasalì e gli venne il batticuore. Tuttavia, subito dopo, fece una cosa per la quale, solo pochi istanti prima, avrebbe pensato di non avere abbastanza coraggio.

Quando la signorina salì le scale, si appostò, e la sorprese nel corridoio del piano superiore. Le si avvicinò, tendendole un mazzolino di rose. Erano roselline selvatiche che aveva colto fuori, sotto la pioggia.

«Per me?», domandò Thusnelde.

«Sì, per lei.»

«Che cosa ho fatto per meritarmele? Temevo che lei non mi potesse soffrire.»

«Oh, lei mi prende in giro.»

«Certo che no, caro Paul. E la ringrazio per i fiori. Sono rose selvatiche, vero?»

«Roselline di bosco.»

«Me ne appunterò una, stasera.»

Poi si avviò verso la sua stanza.

Quella sera restarono in veranda. L'aria era rinfrescata e, fuori, i rami lavati dalla pioggia gocciolavano ancora. Avevano programmato di fare un po' di musica ma il signor professore preferì passare un altro paio d'ore a chiacchierare con Abderegg. Se ne stavano tutti comodamente seduti in quell'ambiente spazioso; i signori fumavano e i giovani avevano davanti a sé un bicchiere con una bibita.

La zia sfogliava un album, con Berta, e le raccontava vecchie storie. Thusnelde era di buon umore e rideva molto. Il precettore era spossato per la lunga e sterile conversazione nel padiglione: era di nuovo nervoso e un tic gli scuoteva fastidiosamente i muscoli del volto. Il fatto che adesso civettasse in modo così ridicolo con Paul, un ragazzino, gli pareva privo di gusto, e cercava affannosamente il modo giusto per dirglielo.

Paul era il più vivace di tutti. Il fatto che Thusnelde portasse la sua rosa alla cintura e che gli avesse detto «caro Paul» gli era salito alla testa come il vino. Faceva battute, raccontava storie, aveva le guance infuocate e non distoglieva lo sguardo dalla sua dama, leggiadramente compiaciuta dai suoi omaggi. In fondo al suo cuore qualcosa diceva: «Domani parte! Domani parte!», e, quanto più forte e dolorosa era quella voce, tanto più avidamente egli si avvinghiava a quel bel momento e più allegramente riprendeva a parlare.

Il signor Abderegg, che aveva teso l'orecchio per un istante, esclamò, ridendo: «Paul, cominci presto!».

Non vi dette peso. Per qualche istante fu colto da un violento desiderio di uscire, appoggiare la testa allo stipite della porta e singhiozzare. Ma no, no!

Nel frattempo Berta aveva cominciato a dare del «tu» alla zia e si era posta completamente sotto la sua protezione, con profonda gratitudine. La opprimeva il fatto che Paul non volesse saperne di lei e che non le avesse rivolto la parola per tutto il giorno; affidava così la sua stanchezza e la sua infelicità alla benevola tenerezza della zia.

I due vecchi signori facevano a gara nell'evocare ricordi ed erano praticamente ignari del fatto che, accanto a loro, si incrociassero e combattessero passioni giovani e inespresse.

Il signor Homburger si sentiva sempre più respinto. Il fatto che, di tanto in tanto, intervenisse nella conversazione con un commento leggermente velenoso, passava pressoché inosservato; quanto più crescevano la sua amarezza e la sua ribellione, tanto meno gli riusciva di trovare le parole. Trovava infantile che Paul si lasciasse andare così, e imperdonabile che la signorina gli desse spago. Gli sarebbe piaciuto dare la buona notte e andarsene. Ma non voleva che equivalesse ad ammettere di aver esaurito tutti i suoi colpi e di essere ormai incapace di battersi. Allora preferiva rimanere e resistere. E per quanto, quella sera, la natura sfrenata e leggera di Thusnelde gli ripugnasse, tuttavia non gli sarebbe riuscito di allontanarsi dalla vista dei suoi morbidi gesti e del suo volto debolmente arrossato.

Thusnelde lo studiava e non faceva nessuno sforzo per nascondere il piacere che le passionali attenzioni di Paul le procuravano, anche solo perché si rendeva conto che esse infastidivano il laureando. E questi, che non era assolutamente un uomo forte, sentiva che la sua collera si stava lentamente trasformando in quella pigra rassegnazione torbida e femminile nella quale erano finiti, sino a quel momento, tutti i suoi tentativi amorosi. Era mai stato capito da una donna, e apprezzato per quel che valeva? Oh, ma era abbastanza artista per godere anche la delusione, il dolore e la solitudine, con tutto il loro fascino nascosto. Anche se gli tremavano le labbra, ne godeva; e anche se era misconosciuto e vergognoso, era pur sempre l'eroe della scena, il portatore di un muto spirito tragico che, pugnalato al cuore, continuava a sorridere.

Ci si separò solo tardi. Quando entrò nella sua fresca camera Paul vide, dalla finestra aperta, il cielo placato, con tante lanuginose nuvolette color latte, immobili; attraverso il loro velo sottile fluiva, morbida e forte, la luce lunare, e mille volte si rifletteva sulle foglie bagnate degli alberi del parco. Oltre le colline, non lontano dal buio orizzonte, brillava già un lembo di cielo puro, umido e mite, simile a un'isola stretta e allungata, con un'unica pallida stella.

Il ragazzo rimase a lungo a guardare fuori, ma non li vide: vedeva soltanto un pallido ondeggiare e sentiva, intorno a sé, brezze pure e fresche; udiva voci mai udite, profonde, che mugghiavano come temporali lontani, e respirava l'aria molle di un altro mondo. Rimase alla finestra, proteso in avanti, a guardare senza veder niente, come fosse stato abbagliato, e davanti a lui si estendeva, ignara e possente, la terra della vita e delle passioni, scossa da violenti temporali e ombreggiata da nubi cupe e grevi.

La zia fu l'ultima ad andare a letto. Vigile, aveva controllato ancora porte e imposte, guardato le luci e dato un'occhiata alla cucina buia; poi era andata in camera sua e si era seduta in un'antiquata poltrona, alla luce di una candela. Sapeva bene che cosa provava il piccolo e, dentro di sé, era felice che gli ospiti ripartissero, l'indomani. Se solo tutto fosse andato senza intoppi! Era difficile perdere un ragazzo così da un giorno all'altro. Sapeva bene, infatti, che l'anima di Paul doveva sfuggirle e diventarle sempre più impenetrabile; e con ansia lo guardava muovere i primi passi nel giardino dell'amore, dei cui frutti lei, ai suoi tempi, aveva assaggiato ben poco, e quasi esclusivamente i più amari. Poi pensò a Berta, sospirò e sorrise leggermente, cercando poi a lungo nei suoi scaffali un consolante regalino di addio per la piccola. Quando, all'improvviso, si rese conto dell'ora che aveva fatto, si spaventò.

Sulla casa addormentata e sul giardino buio vegliavano calme le nuvole bianco latte, impalpabili come lanugine; quell'isola di cielo all'orizzonte crebbe lentamente fino a diventare un campo ampio, puro, scuro ma limpido, teneramente trapunto di stelle che luccicavano appena; e sulla collina più lontana correva un'esile, soave linea d'argento che la separava dal cielo. In giardino, gli alberi rinfrescati respiravano profondamente, riposando; e sui prati del parco il cerchio d'ombra nera del faggio rosso si alternava con le sottili ombre incorporee delle nuvole.

L'aria mite, ancora satura di umidità, esalava vapori verso il cielo completamente limpido. Sul piazzale e sulla strada maestra c'era qualche pozzanghera che mandava bagliori d'oro o rifletteva il tenero azzurro del cielo. Arrivò cigolando la carrozza, e salirono. Il laureando s'inchinò profondamente, più volte; la zia salutò affettuosamente e strinse ancora la mano a tutti; le domestiche osservavano la partenza dal fondo del corridoio.

Paul, in carrozza, era seduto davanti a Thusnelde, e faceva la parte dell'allegro. Si dichiarava felice del bel tempo, si vantava di avere in mente deliziose escursioni in montagna e succhiava avidamente ogni parola e ogni risata della ragazza. Di buon mattino era scivolato in giardino e aveva reciso, nell'aiola preferita di suo padre, meticolosamente curata, la più bella rosa tea, ancora in boccio. La teneva nascosta nella tasca della giacca, tra carta seta, ed era costantemente in apprensione perché temeva si potesse schiacciare. Lo preoccupava anche il fatto che suo padre potesse scoprirlo.

La piccola Berta era silenziosissima e teneva il volto nascosto tra i gelsomini in fiore che le aveva regalato la zia. Era, in fondo, felice di andarsene.

«Le devo mandare una cartolina?», gli chiese allegramente Thusnelde.

«Oh sì, non se ne dimentichi! Sarebbe bello.»

E poi aggiunse: «Ma deve firmarla anche lei, signorina Berta».

La ragazza trasalì ed annuì.

«Bene, speriamo di ricordarcene», concluse Thusnelde.

«Te lo ricordo io.»

Erano già alla stazione. Il treno sarebbe arrivato solo un quarto d'ora dopo. A Paul quel quarto d'ora parve una grazia inestimabile. Ma gli accadde una cosa singolare: da quando erano scesi dalla carrozza e passeggiavano, avanti e indietro, davanti alla stazione, non gli erano più venuti in mente né una parola né un discorso. Si sentiva, d'un tratto, oppresso e piccino, guardava spesso l'orologio e tendeva l'orecchio per scoprire se per caso non arrivasse già il treno. Solo all'ultimo momento tirò fuori la sua rosa e la mise in mano alla signorina, che era già sulla scala del vagone. Lei annuì gaiamente e salì. Poi il treno partì, e tutto ebbe fine.

L'idea di tornare in carrozza col padre lo atterriva e, quando questi fu già salito, ritrasse il piede dal predellino e affermò: «A dire il vero io preferirei tornare a piedi».

«Hai la coscienza sporca, Paul?»

«No, papà. Posso anche tornare con te.»

Ma il signor Abderegg fece un cenno di diniego e partì da solo.

«Deve solo superarlo», brontolò tra sé e sé durante il viaggio, «non lo ucciderà certo.» E pensò, per la prima volta da anni, alla sua prima avventura d'amore, meravigliandosi di rammentare ancora tutto. E ora toccava già al suo bimbo! Ad ogni modo, gli piaceva che il piccolo avesse rubato la rosa. L'aveva visto, naturalmente.

A casa, rimase un po' davanti alla libreria, in soggiorno. Prese il Werther e se lo infilò in tasca, ma lo ritirò subito fuori: lo sfogliò un po', cominciò a fischiettare una melodia e rimise il libriccino al suo posto.

Paul, nel frattempo, percorreva la calda via maestra, cercando di tener viva davanti a sé l'immagine della bella Thusnelde. Soltanto quando, stanco e accaldato, ebbe raggiunto l'angolo del parco, riaprì gli occhi e rifletté sul da farsi. Allora un ricordo improvviso lo spinse irresistibilmente verso il salice piangente. In preda a un desiderio violento, cercò quell'albero, si aprì un varco tra i suoi lunghi rami e si sedette sulla panchina nello stesso punto in cui era seduto il giorno prima, quando Thusnelde gli aveva sfiorato la mano. Chiuse gli occhi, appoggiò la mano sul segno e provò ancora quella tempesta che, ieri, l'aveva sorpreso e rapito e straziato. Intorno a lui divampavano fiamme e mugghiavano mari, e venti ardenti tremavano sibilando su ali purpuree.

Paul non era là da molto quando udì dei passi, e qualcuno entrò. Sollevò lo sguardo, confuso, strappato da centinaia di sogni, e vide, in piedi davanti a sé, il signor Homburger.

«Lei è qua, Paul? Da tanto?»

«No, sono andato alla stazione. Sono appena tornato.»

«E adesso se ne sta qua, tutto malinconico.»

«Non sono malinconico.»

«Allora no. Ma l'ho certo vista più allegro.»

Paul non rispose.

«Si è occupato alacremente delle signore.»

«Lei trova?»

«In particolare di una. Avrei pensato che avrebbe dato la sua preferenza alla signorina più giovane.»

«L'adolescente? Ehm...»

«Giustissimo, l'adolescente.»

Allora Paul vide il candidato inalberare un sogghigno funesto e, senza proferir verbo, si voltò e se ne andò per i prati.

Il pasto di mezzogiorno si svolse molto tranquillamente.

«Mi sembra che siamo tutti un po' stanchi», sorrise il signor Abderegg. «Anche tu, Paul. E lei, signor Homburger? Però è stato un intermezzo piacevole, non è vero?»

«Certo, signor Abderegg.»

«Si è trovato bene con la signorina? Deve aver letto moltissimo.»

«Paul ne dovrebbe sapere più di me. Io purtroppo non ho avuto il piacere di parlarci tanto.»

«Tu che ne dici, Paul?»

«Io? Di che parlate?»

«Della signorina Thusnelde, se non hai niente in contrario. Mi sembri un po' distratto...»

«Ma via, che cosa gliene sarà importato al ragazzo, delle signore...», interloquì la zia.

Faceva già di nuovo caldo. Il piazzale irradiava calore e, sulla strada, le ultime pozzanghere erano già asciutte. Sul prato soleggiato si ergeva il faggio rosso, avvolto da una luce calda, e su uno dei suoi rami più solidi era seduto il giovane Paul Abderegg, appoggiato al tronco e completamente circondato dalla scura ombra rossiccia delle sue fronde. Era da tempo uno dei posti preferiti del ragazzo; là era al sicuro da ogni sorpresa. Su quel ramo, l'autunno di tre anni prima, aveva letto in gran segreto *I masnadieri,* là aveva fumato il suo primo mezzo sigaro e là aveva composto la beffarda poesia sul suo precedente precettore la cui scoperta tanto aveva agitato la zia. Ripensava a quello e altri scherzi con una certa indulgente superiorità, come se provenissero da tempi antichissimi. Bambinate, bambinate!

Con un sospiro si drizzò, si rimise cautamente seduto, tirò fuori di tasca il suo coltellino e cominciò a praticare qualche incisione sul tronco. Voleva fare un cuore che contenesse la lettera T; e si propose di compierc un lavoro lindo e ordinato, anche se ci fossero voluti parecchi giorni.

La sera stessa andò dal giardiniere perché gli arrotasse il coltello. Mise in moto lui stesso la mola. Sulla via del ritorno si mise un po' a sedere nella vecchia barca, lasciando sguazzare la mano nell'acqua e cercando di ricordare la melodia del Lied che da lì aveva sentito, il giorno prima. Il cielo era un po' rannuvolato e pareva che, quella notte, ci sarebbe stato un altro temporale.

(1905)

La prima avventura

Strano, come ciò che abbiamo vissuto ci diventi estraneo e ci sfugga! Interi anni, con mille vicende, possono andare perduti. Spesso vedo bambini correre a scuola e non penso a quando ci andavo anch'io, vedo studenti liceali e mi rendo appena conto che una volta anch'io ero uno di loro. Vedo meccanici recarsi in officina e commessi di dubbio aspetto che vanno in ufficio, e ho totalmente dimenticato che un tempo io facevo il loro stesso tragitto, indossavo il camiciotto blu e la giacca da scrivano coi gomiti lucidi. Vedo in libreria curiosi libriccini di poeti diciottenni, editi dalla casa Pierson di Dresda, e non penso più che una volta anch'io scrivevo versi del genere e addirittura mi facevo imbrogliare dallo stesso cacciatore di talenti.

Sicché una volta, durante una passeggiata o un viaggio in treno oppure di notte, in un'ora insonne, tutto un frammento dimenticato di vita ritorna, e mi sta davanti violentemente illuminato come uno scenario, con tutti i particolari, con tutti i nomi e i luoghi, i suoni e gli odori. Così mi accadde la notte scorsa. Mi ricomparve davanti un avvenimento che a suo tempo ero certissimo non avrei mai dimenticato, e che invece avevo dimenticato per anni, senza serbarne traccia. Esattamente come si perde un libro o un temperino, non lo si trova più e lo si dimentica, e un giorno quello sta in un cassetto in mezzo a vecchie cianfrusaglie ed è di nuovo lì, e ci appartiene di nuovo.

Avevo diciotto anni e stavo terminando il mio apprendistato nell'officina di un meccanico. Da poco mi ero reso conto che in quel ramo non avrei fatto molta strada, ed ero deciso a cambiare ancora una volta mestiere. In attesa che si presentasse un'occasione per dirlo a mio padre, continuavo a restare lì e svolgevo il mio lavoro tra il riluttante e il contento, come chi si è già licenziato e sa che tutte le strade maestre lo attendono.

Nell'officina avevamo allora un volontario, la cui principale qualità era di essere imparentato con una ricca signora che abitava in una cittadina non lontana. Questa signora, giovane vedova di un industriale, abitava in una villetta, possedeva un'elegante vettura e un cavallo da sella e passava per superba ed eccentrica perché non frequentava i caffè e invece cavalcava, pescava, coltivava tulipani e teneva cani di San Bernardo. Si parlava di lei con invidia e risentimento, soprattutto da quando si sapeva che a Stoccarda e a Monaco, dove si recava spesso, poteva essere assai socievole.

Questa meraviglia, dacché suo nipote o cugino lavorava da noi come volontario, era già stata tre volte nell'officina, aveva salutato il parente e si era fatta mostrare le nostre macchine. Aveva ogni volta un aspetto splendido, e su me aveva fatto grande impressione mentre, nella sua raffinata toilette, si aggirava con occhi curiosi e bizzarre domande per lo stanzone rugginoso, una donna alta, coi capelli di un biondo chiaro e un viso fresco e ingenuo come quello di una fanciulla. Noi ce ne stavamo lì con i nostri camiciotti bisunti, le mani e le facce nere, e ci sembrava che ci avesse fatto visita una principessa. Ciò non andava d'accordo con le nostre idee socialdemocratiche, del che ogni volta ci rendevamo conto, dopo.

Un giorno, durante una pausa pomeridiana, ecco che mi si avvicina il volontario e mi dice: «Domenica vuoi venire con me da mia zia? Ti ha invitato».

«Invitato? Senti, non farmi scherzi idioti, altrimenti ti ficco il naso nella tinozza.» Invece diceva sul serio. Lei mi aveva invitato per domenica sera. Potevamo tornare col treno delle dieci, e se volevamo trattenerci più a lungo, forse ci avrebbe dato la carrozza.

Essere in relazione con la proprietaria di una lussuosa carrozza, padrona di un servitore, due cameriere, un cocchiere e un giardiniere, era, secondo la mia ideologia di allora, semplicemente empio. Ma questo mi venne in mente solo assai dopo che avevo accettato con entusiasmo e chiesto se il mio vestito giallo della domenica sarebbe stato abbastanza adatto.

Girai fino a sabato in uno stato di eccitazione e di gioia mai provate. Poi mi assalì la paura. Che cosa dire, come comportarmi, come parlare con lei? Il mio vestito, di cui ero sempre stato orgoglioso, aveva improvvisamente tante di quelle pieghe e macchie, e tutti i miei colletti erano sfilacciati agli orli. Inoltre il mio cappello era vecchio e logoro, e tutto questo non poteva venir compensato dai miei tre cavalli di battaglia — un paio di scarpe a punta, una cravatta rosso vivo di mezza seta e occhiali a stringinaso con la montatura nichelata.

La domenica sera con il volontario mi recai a piedi a Settlingen, malato di eccitazione e di imbarazzo. Arrivammo in vista della villa, ci fermammo davanti a una cancellata oltre la quale erano pini e cipressi esotici, l'abbaiare dei cani si mescolò al suono del campanello. Un cameriere ci fece entrare, non fece parola e ci trattò sprezzantemente, degnandosi soltanto di proteggermi dai San Bernardo che volevano azzannarmi i pantaloni. Guardai con angoscia le mie mani, che da mesi non erano state così meticolosamente pulite. La sera prima le avevo lavate per mezz'ora con petrolio e sapone in pasta.

In un semplice abito estivo turchino chiaro, la dama ci ricevette in salotto. Strinse la mano a tutti e due e ci disse di sederci, ché la cena sarebbe stata subito pronta.

«Lei è miope?», mi domandò.

«Un pochino.»

«Gli occhiali a stringinaso non le donano affatto, sa?» Me li tolsi, li misi in tasca e presi un'espressione caparbia.

«E anche lei è un rosso?», chiese ancora.

«Vuol dire socialdemocratico? Sì, certo.»

«E perché?»

«Per convinzione.»

«Ah, ecco. Ma la cravatta è veramente graziosa. Be', volevamo mangiare. Vi siete portati dietro la fame?»

Nella stanza accanto era apparecchiato per tre. Ad eccezione dei tre diversi bicchieri, contrariamente alle mie aspettative non c'era nulla che potesse mettermi in imbarazzo. Minestra di cervelli, arrosto di lombo, contorno, insalata e dolce erano tutte cose che ero in grado di mangiare senza far brutta figura. E i vini li versava la stessa padrona di casa. Durante il pasto essa parlò quasi esclusivamente con il volontario, e poiché i buoni cibi e il vino mi tenevano piacevolmente occupato, presto mi sentii a mio agio e discretamente sicuro.

Dopo mangiato i bicchieri del vino ci vennero portati in salotto, e quando mi fu offerto un eccellente sigaro, che con mio stupore venne acceso a una candela rossa e oro, il mio benessere si tramutò in agio.

Adesso osavo anche guardare la dama, ed era così fine e bella che con orgoglio mi sentii trasportato nei campi elisi del mondo aristocratico, di cui mi ero fatto un'idea vaga e nostalgica attraverso la lettura di alcuni romanzi e racconti d'appendice.

Innanzitutto una conversazione assai vivace, e divenni così ardito che osai scherzare sulle osservazioni fatte prima dalla signora sulla socialdemocrazia e la cravatta rossa.

«Ha perfettamente ragione», disse lei sorridendo. «Rimanga pure della sua idea. Ma almeno la cravatta dovrebbe annodarla meno storta. Vede, così...»

Mi stava davanti e si piegò su di me, prese la cravatta con ambedue le mani e la girò. All'improvviso sentii, con forte spavento, che essa insinuava due dita nell'apertura della mia camicia e mi toccava piano il petto. E quando alzai inorridito lo sguardo, essa premette ancora con le due dita, guardandomi fisso negli occhi.

Accipicchia, pensai, e mi venne il batticuore, mentre lei si ritraeva e fingeva di osservare la cravatta. Invece mi guardò di nuovo, con serietà, in piena faccia, e annuì due volte lentamente.

«Potresti andare di sopra a prendere la cassetta dei giochi nella stanza d'angolo», disse al nipote che sfogliava un giornale. «Su, sii così gentile.»

Egli andò, ed essa mi venne vicino, lentamente, con grandi occhi.

«Tu!», disse in tono sommesso e tenero. «Tu sei caro.»

Avvicinò il suo viso al mio e le nostre labbra si unirono, mute e brucianti, e poi ancora e ancora. Io l'abbracciai e la strinsi a me, l'alta e bella dama, così forte che dovetti farle male. Ma essa cercò ancora la mia bocca, e mentre baciava i suoi occhi diventarono umidi e lucenti come quelli di una fanciulla.

Il volontario tornò coi giochi, ci sedemmo e tutti e tre giocammo a dadi dei cioccolatini. Lei parlava di nuovo con vivacità e scherzava a ogni tiro, ma io non riuscivo a far parola e respiravo a fatica. Talvolta, di sotto il tavolo, la sua mano si tendeva a giocare con la mia o si posava sul mio ginocchio.

Verso le dieci il volontario dichiarò che per noi era tempo di andare.

«Vuol già andarsene anche lei?», essa mi chiese, e mi guardò.

Non avevo alcuna esperienza nelle faccende d'amore, e balbettai che sì, era tempo, e mi alzai.

«Va bene, allora!», esclamò, e il volontario si avviò. Lo seguii sino alla porta, ma non appena egli ebbe varcato la soglia, lei mi tirò indietro per un braccio e mi attrasse a sé. E mentre uscivo mi sussurrò: «Sii bravo, sii bravo!». Ma non compresi nemmeno questo.

Ci congedammo e corremmo alla stazione. Comprammo i biglietti, e il volontario salì sul treno. Ma io adesso non potevo desiderare la compagnia di nessuno. Salii soltanto sul primo gradino, e quando il capotreno fischiò, balzai giù e rimasi indietro. Era già notte fonda.

Stordito e triste percorsi la lunga strada fino a casa, passando come un ladro accanto al suo giardino e al cancello. Una gran dama mi amava! Innanzi a me si schiudevano paesi incantati, e quando per caso trovai in tasca gli occhiali a stringinaso, li gettai nel fosso.

La domenica successiva il volontario fu di nuovo invitato a pranzo, ma io no. Né lei venne più all'officina.

Per tre mesi continuai a recarmi a Settlingen, la domenica o la sera tardi, origliavo al cancello e mi aggiravo attorno al giardino, udivo i San Bernardo abbaiare e il vento soffiare attraverso gli alberi esotici, vedevo la luce nelle stanze e pensavo: forse una volta o l'altra mi vedrà; lei mi ama. Una volta udii nella casa il suono di un pianoforte, morbido e cullante, mi sdraiai lungo il muro e piansi.

Ma mai più il servitore mi fece entrare e mi protesse dai cani, mai più la mano di lei toccò la mia, e la sua bocca la mia. Soltanto in sogno ciò mi accadde ancora qualche volta, in sogno. E a fine autunno lasciai l'officina e deposi per sempre il camiciotto blu e me andai lontano, in un'altra città.

(1906)

Il liceale

Nel centro dell'antica, raccolta cittadina c'è un edificio di fantastica grandezza, con molte piccole finestre e con gradini d'ingresso e scale pietosamente consunti, mezzo venerabile e mezzo ridicolo; e così pensava il giovane Karl Bauer che, alunno sedicenne, ogni mattina e ogni pomeriggio vi entrava con la sua cartella dei libri. Qui egli aveva le sue gioie col chiaro, bello e onesto latino e con i poeti tedeschi antichi, e le sue pene con l'ostico greco e con l'algebra, che al terzo anno gli piaceva altrettanto poco che al primo, e ancora le sue gioie con qualche vecchio insegnante dalla barba grigia e le sue pene con qualche docente più giovane.

Non lontano dalla scuola c'era un negozio vecchissimo, sui cui gradini scuri d'umidità e attraverso la cui porta sempre aperta passava una quantità di gente, e l'androne nero come la pece odorava di spirito, di petrolio e di formaggio. Ma Karl se la cavava bene in quell'oscurità, perché di sopra, nello stesso edificio, aveva la sua stanza, dove viveva come pensionante presso la madre del proprietario del negozio. Tanto buio era di sotto, quanto chiaro e arioso di sopra; lassù avevano sole tutto il giorno, e vedevano mezza città, di cui conoscevano e potevano nominare uno per uno quasi tutti i tetti.

Delle molte cose buone che il negozio conteneva in gran quantità, solo pochissime salivano la ripida scala, almeno per Karl Bauer, perché il desco della sua vecchia signora Kusterer era magro e non lo saziava mai. Ma a parte questo, vivevano insieme in rapporti assai cordiali, ed egli disponeva della sua stanza come un principe del suo castello. Lì nessuno lo disturbava, poteva fare quel che voleva, e faceva molte cose. Le due cingallegre in gabbia erano il meno: aveva messo su anche una specie di laboratorio di falegnameria, e nella stufa fondeva e colava stagno e zinco, e d'estate teneva in una cassetta orbettini e lucertole — scomparivano sempre dopo breve tempo, attraverso sempre nuovi buchi nella rete metallica. Oltre a ciò aveva anche il violino, e quando non leggeva e non lavorava da falegname, di sicuro suonava, a ogni ora del giorno e della notte.

Così il ragazzo aveva ogni giorno le sue gioie e non si annoiava mai, tanto più che non gli mancavano i libri, che prendeva a prestito ovunque ne vedesse uno. Ne leggeva in quantità, però non li amava tutti allo stesso modo, e preferiva le favole e le leggende, e così pure le tragedie in versi, a ogni altra cosa.

Tutto questo, per quanto bello, non gli avrebbe però riempito lo stomaco. Per cui, quando la fame funesta tornava a farsi troppo prepotente, scendeva silenzioso come una donnola le nere scale sino all'androne di pietra, nel quale penetrava dal negozio una sottile striscia di luce. Lì non di rado si trovava, su una grossa cassa vuota, un resto di formaggio, oppure accanto alla porta c'era, aperto, un barilotto pieno a metà di aringhe, e nelle giornate buone, o quando Karl col pretesto di darc una mano osava entrare nel negozio, talvolta gli capitava in tasca anche una manciata di prugne o di pere secche, o cose del genere.

Però non intraprendeva queste spedizioni con cupidigia e con una cattiva coscienza, ma in parte con l'innocenza di chi è affamato, in parte con i sentimenti di un generoso predone che non conosce rispetto umano, e guarda in faccia il pericolo con freddo orgoglio. Gli sembrava in perfetta sintonia con le leggi dell'ordine morale del mondo il fatto che, quel che la vecchia madre risparmiava avaramente con lui, venisse sottratto alla stracolma camera dei tesori del figlio.

Queste abitudini, occupazioni e passatempi di vario genere, oltre all'onnipotente scuola, sarebbero di per sé state sufficienti a riempire il suo tempo e i suoi pensieri. Ma Karl Bauer non era ancora soddisfatto. Sia per imitare i compagni, sia a seguito delle sue molte letture amene, sia anche per desiderio del suo cuore, in quel periodo entrò per la prima volta nel paese bello e presago dell'amore per una donna. E sapendo anticipatamente che i suoi sforzi e le sue aspirazioni di quel momento non avrebbero portato a nessuno scopo concreto, non fu troppo modesto e consacrò la sua ammirazione alla più bella fanciulla della città, che era di famiglia ricca e già solo con lo sfarzo del suo abbigliamento eclissava tutte le coetanee. Lo scolaro passava tutti i giorni davanti a casa sua, e quando la incontrava s'inchinava così profondamente come neanche davanti al rettore.

Così gli andavano le cose, quando per un caso entrò nella sua esistenza un colore del tutto nuovo, e per lui si aprirono molte porte della vita.

Una sera di fine autunno, poiché Karl una volta di più non si era saziato con la sua tazza di caffelatte acquoso, la fame lo indusse a una nuova spedizione. Scivolò silenziosamente per le scale e perlustrò l'androne, dove dopo una breve ricerca vide un piatto di terracotta sulla quale due pere, splendide per dimensioni e colore, si appoggiavano a una fetta di formaggio olandese orlata di rosso.

L'affamato avrebbe dovuto immaginare che quello spuntino era destinato alla tavola del padrone di casa, e che la domestica l'aveva posato lì solo per qualche istante; ma rapito da quella visione inaspettata, pensò piuttosto a un benevolo decreto del destino, e con sentimenti di riconoscenza intascò quel dono.

Prima ancora che avesse finito e fosse di nuovo scomparso, la cameriera Babett uscì con le sue pantofole silenziose dalla porta della cantina, con una candela in mano, e scoprì inorridita il delitto. Il giovane ladro aveva ancora in mano il formaggio; si bloccò e guardò a terra, mentre dentro di lui tutto si disgregava e sprofondava in un abisso di vergogna. I due stavano là, illuminati dalla candela, e dopo di allora la vita regalò all'audace fanciullo momenti più dolorosi, ma certamente mai nessuno più penoso di quello.

«No, ma guarda tu!» , disse infine Babett, guardando il contrito delinquente come se fosse un truculento personaggio di un racconto di cantastorie. Questi non aveva niente da dire.

«Ma son cose da farsi?», continuò lei. «Non sai che hai rubato?»

«Sì.»

«Signore Iddio, ma come ti è venuto in mente?»

«Stava lì, Babett, e allora ho pensato...»

«Hai pensato cosa?»

«Dato che avevo una fame tremenda...»

A queste parole la matura cameriera sgranò gli occhi e fissò il poveretto con infinita comprensione, sorpresa e pietà.

«Fame, hai? Ma non ti dan niente da mangiare, lassù?»

«Poco, Babett, poco.»

«Ma guarda tu! Allora sta bene, sta bene. Tieni pure quel che hai in tasca, e anche il formaggio, tieni anche quello, in casa ce n'è dell'altro. Ma adesso meglio andar su, potrebbe venire qualcuno.»

In quel singolare stato d'animo Karl fece ritorno in camera sua, si sedette e mangiò pensieroso prima il formaggio olandese, poi le pere. Poi si sentì il cuore più leggero, trasse un respiro di sollievo, si stiracchiò e infine intonò sul violino una specie di salmo di grazie. Aveva appena finito, che bussarono piano alla porta, e come aprì, Babett gli stava davanti, e gli porgeva una gigantesca fetta di pane spalmata generosamente di burro.

Per quanto la cosa gli facesse piacere, voleva rifiutare cortesemente, ma Babett non volle sentir ragioni, ed egli cedette volentieri.

«Ma suoni il violino benissimo», disse lei con ammirazione, «ti ho sentito molte volte. E per il mangiare ci penserò io. La sera posso sempre portarti qualcosa, senza che nessuno se ne accorga. Perché mai lei non ti tratta meglio, visto che tuo padre ha da pagar parecchi soldi per la retta?»

Il ragazzo, ringraziando timidamente, cercò ancora di rifiutare, ma lei non gli diede ascolto, ed egli si rassegnò volentieri. Alla fine restarono d'accordo che, nei giorni di fame, Karl al suo rientro avrebbe fischiato per le scale *Dorato tramonto*, e lei gli avrebbe portato da mangiare. Se lui fischiava un'altra canzone o non fischiava affatto, voleva dire che non era necessario. Contrito e riconoscente pose la sua nella grossa destra di lei, e una robusta stretta di mano sigillò l'alleanza.

Da quel giorno il liceale godette, con piacere e commozione, le attenzioni e le cure di un buon cuore di donna, per la prima volta dopo gli anni dell'infanzia vissuti a casa sua, perché era stato mandato a pensione molto presto, dato che i suoi genitori vivevano in campagna. E quegli anni a casa sua gli tornavano in mente spesso, in quanto Babett vegliava su di lui e lo viziava proprio come una madre, cosa che per la sua età sarebbe potuta anche essere. Era intorno alla quarantina, e fondamentalmente di carattere ferreo, inflessibile, energico; ma la necessità fa l'uomo ladro, e poiché così inaspettatamente aveva trovato nel ragazzo un amico riconoscente, un protetto, un uccelletto da nutrire, veniva sempre più alla luce, dal fondo sino allora sonnecchiante del suo animo indurito, una quasi timida tendenza alla tenerezza e a una disinteressata indulgenza.

Questi sentimenti giovarono a Karl Bauer e non tardarono a viziarlo, così come i ragazzi della sua età accettano prontamente, quasi come per diritto, qualunque cosa venga loro offerta, sia pure il frutto più raro. Così accadde anche che già dopo qualche giorno egli avesse del tutto dimenticato quel primo incontro così umiliante sulla porta della cantina, e facesse risuonare ogni sera sulle scale il suo *Dorato tramonto*, come se fosse sempre stato così.

Nonostante tutta la gratitudine, forse il ricordo di Babett non sarebbe rimasto in Karl così indistruttibilmente vivo, se le sue opere di bene si fossero limitate al cibo. La gioventù è famelica, ma non per questo meno appassionata, e un'amicizia con persone molto giovani alla lunga non si può tenere in caldo con formaggio e prosciutto, e nemmeno con frutta e vino.

Babett era molto considerata e ritenuta indispensabile non soltanto a casa Kusterer, ma godeva in tutto il vicinato della fama di un'onestà irreprensibile. Dove c'era lei, si stava allegri ma con decoro. Le vicine lo sapevano, e vedevano di buon occhio che le loro domestiche, soprattutto le giovani, la frequentassero. Chi veniva proposto da lei, era bene accetto, e chi era in rapporti di maggior confidenza con lei, era più sicuro che al pensionato per le giovani lavoratrici o all'associazione delle fanciulle.

Le serate libere e le domeniche pomeriggio Babett dunque era raramente sola, ma sempre circondata da una cerchia di giovani cameriere, che lei aiutava a passare il tempo e alle quali era pronta a dare ogni sorta di consigli. Si giocava, si cantava, si facevano domande buffe e si proponevano indovinelli, e chi aveva un fidanzato o un fratello poteva portarlo. Questo però accadeva assai di rado, perché le fidanzate per lo più non tardavano a disertare il gruppo, e i giovani lavoranti e servitori non erano così amici di Babett come le ragazze. Essa non tollerava gli amoreggiamenti superficiali; chi fra le sue protette si metteva su quella strada e non dava retta a nessuna ammonizione, veniva esclusa.

In quella gaia compagnia di fanciulle lo studente di liceo venne accolto come ospite, e di certo imparò più lì che a scuola. Non ha dimenticato la sera del suo ingresso. Si era nel cortile posteriore, le ragazze sedevano su scalini e casse vuote, era buio, e sopra, il ritaglio quadrato del cielo serale fluttuava ancora in un debole e mite riflesso azzurro. Babett sedeva su un barilotto davanti al passo carraio semicircolare della cantina, e Karl le stava timidamente accanto, appoggiato alla traversa della porta, senza parlare, e guardava nella penombra i visi delle ragazze. Intanto pensava con un po' di paura a quel che i suoi compagni avrebbero detto di quell'incontro serale, se lo fossero venuti a sapere.

Ah, i volti di quelle ragazze! Le conosceva quasi tutte di vista, ma adesso, così raggruppate in quella mezza luce, erano diverse, e lo guardavano come veri enigmi. Ancora oggi ne conosce tutti i nomi e i visi, e di molte anche la storia. Quali storie! Quanta esperienza di vita, quanta serietà, forza e anche grazia in quelle umili vite di domestiche!

C'era l'Anna dell'Albero Verde, che da giovanissima, al suo primo servizio, aveva rubato ed era stata un mese in prigione. Adesso da anni era onesta e fedele ed era considerata un gioiello. Aveva grandi occhi scuri e una bocca dolorosa, stava seduta in silenzio guardando il ragazzo con fredda curiosità. Ma il suo innamorato, quello che durante quella storia con la polizia le era stato infedele, intanto si era sposato ed era rimasto vedovo. Adesso le correva dietro di nuovo e voleva assolutamente averla, ma lei teneva duro come se non volesse saper più nulla di lui, benché in segreto lo amasse come allora.

La Margret del fioraio era sempre contenta, cantava e chiacchierava, e aveva il sole nei crespi capelli biondorossi. Vestiva pulitamente e aveva sempre addosso qualcosa di bello e di allegro, un nastro azzurro o qualche fiore, eppure non spendeva mai un soldo, ma li mandava tutti fino all'ultimo centesimo al suo patrigno, che se li beveva e non le diceva neanche grazie. Più tardi ebbe una vita difficile, un cattivo matrimonio e ogni sorta di disgrazie e di miserie, ma anche allora camminava allegra e graziosa, si manteneva linda e pulita e sorrideva magari più di rado, ma in modo tanto più bello.

E così quasi tutte, l'una dopo l'altra, quanto poca gioia, poco denaro e poche cose piacevoli hanno avuto, e quanto lavoro invece, preoccupazioni e contrarietà, e come hanno tirato avanti e sono rimaste in alto, tutte, tranne poche eccezioni, combattenti valorose e costanti! E come hanno riso in quelle poche ore di libertà, cantato e gioito di un niente, di una barzelletta e una canzone, di una manciata di noci e di un avanzo di nastro rosso! Come hanno tremato di piacere, quando veniva raccontata una storia di atroci patimenti, e come hanno cantato canzoni tristi, sospirando, con grosse lacrime negli occhi buoni!

Un paio di loro erano anche antipatiche, criticone e sempre pronte a trovar da ridire e a spettegolare, ma al bisogno Babett le rimetteva al loro posto. E anch'esse portavano il loro fardello e avevano i loro problemi. La Gret dell'Angolo del Vescovo era particolarmente infelice. Soffriva molto della vita e molto della sua grande virtù, persino l'associazione delle fanciulle non le sembrava abbastanza severa e pia, e a ogni parola grossa che le veniva rivolta tirava un profondo sospiro, stringeva le labbra e mormorava: «Il giusto deve molto soffrire». Soffriva un anno dopo l'altro, e alla fine ci prosperò dentro, ma quando contava e ricontava i talleri risparmiati e riposti in una calza, si commuoveva e si metteva a piangere. Due volte avrebbe potuto sposare un artigiano, ma per due volte non lo fece, perché il primo era uno scapestrato, e l'altro era esso stesso così giusto e nobile, che con lui non avrebbe più potuto sospirare a fare l'incompresa.

Sedevano tutte nell'angolo del cortile buio, si raccontavano i loro casi e aspettavano quel che di buono e di lieto avrebbe recato la serata. All'inizio i loro discorsi, i loro gesti non sembrarono al dotto giovinetto dei più intelligenti né dei più fini, ma presto, via via che il suo imbarazzo scompariva, si sentì più libero e più a suo agio, e guardò il gruppo delle ragazze rannicchiate lì al buio come un quadro insolito, di strana bellezza.

«Già, questo dunque sarebbe il signor liceale», disse Babett, e subito voleva raccontare la storia dei suoi terribili patimenti di fame, ma egli la tirò supplichevole per la manica, ed essa bonariamente lo risparmiò.

«Lei dovrà certo studiare terribilmente?», chiese la rosso bionda Margret del fioraio, e aggiunse subito: «Che cosa vuol diventare quando sarà all'università?».

«Non è ancora deciso. Forse dottore.» Questo destò del rispetto, e tutte lo guardarono con attenzione.

«Ma prima le dovranno crescere i baffi», affermò la Lena del farmacista, ed esse risero, alcune sommessamente, altre a gola spiegata, e presero a punzecchiarlo in mille modi, ai quali egli non avrebbe potuto tener testa senza l'aiuto di Babett. Alla fine vollero che raccontasse loro una storia. Per quante ne avesse lette, non gliene veniva in mente nessuna tranne la favola di colui che era andato a imparare a rabbrividire; ma aveva appena cominciato a raccontare, che esse gridarono ridendo: «Questa la sappiamo già!», e Grete dell'Angolo del Vescovo disse sprezzante: «Questa è una favola per bambini». Allora tacque vergognoso, e Babett promise al posto suo: «La prossima volta vi racconterà qualcos'altro, ha tanti di quei libri a casa!». Su questo fu d'accordo anche lui, e si ripromise di accontentarle brillantemente.

Intanto il cielo aveva perso anche il suo ultimo riflesso azzurro, e nel suo nero opaco nuotava una stella.

«Adesso però dovete tornare a casa», ammonì Babett, ed esse si alzarono, scossero e sistemarono trecce e grembiuli, si salutarono con dei cenni e se ne andarono, alcune dalla porticina sul retro, altre dall'androne e dalla porta grande.

Anche Karl Bauer augurò la buonanotte e salì in camera sua, soddisfatto e anche insoddisfatto, con una sensazione confusa. Infatti, pur trovandosi nel pieno della baldanza giovanile e delle follie da liceale, aveva notato che tra queste sue nuove conoscenti si viveva una vita diversa dalla sua, e che quasi tutte quelle ragazze, legate da una salda catena al lavoro della vita quotidiana, possedevano una forza e sapevano cose che per lui erano remote come una favola. Non senza una certa scientifica presunzione si propose di indagare il più a fondo possibile nell'interessante poesia di quella vita ingenua, nel mondo popolare primigenio dei racconti dei cantastorie e delle canzoni militari. Però sentiva che questo mondo era in determinate cose infinitamente superiore al suo, e temeva da esso ogni sorta di tirannie e di violenze.

Per il momento però non si delineò alcun pericolo del genere, inoltre gli incontri serali delle ragazze diventarono sempre più brevi, perché ci si inoltrava nell'inverno e, per quanto la temperatura fosse ancora mite, si aspettava da un giorno all'altro la prima neve. Comunque Karl trovò ancora l'occasione di liberarsi della sua storia. Era quella dell'Enrico e del Rico, che aveva letto nella raccolta di fiabe, e trovò non pochi consensi. Tralasciò la morale finale, ma Babett ne aggiunse una sua, rispondente alle sue esigenze e alle sue facoltà. Le ragazze, ad eccezione di Gret, elogiarono il narratore per i suoi meriti, si ripeterono a vicenda le scene principali e lo pregarono vivamente di raccontarne un'altra quanto prima. Egli promise, ma il giorno dopo faceva così freddo che non c'era più da pensare a stare all'aperto, e inoltre, avvicinandosi il Natale, altri pensieri e altre gioie lo colsero.

Ogni sera lavorava d'intaglio a una scatola da tabacco per suo padre, e a un verso latino da metterci sopra. Il verso però non voleva assumere quella classica nobiltà senza la quale nessun distico latino può stare in piedi, e così finì per scrivere sul coperchio soltanto «Salute!» in grandi caratteri svolazzanti, ripassò le linee col coltello da intaglio e lucidò la scatola con pietra pomice e cera. Poi partì allegramente per le vacanze.

Gennaio fu freddo e sereno, e Karl ogni volta che aveva un'ora libera andava a pattinare sul ghiaccio. Là un giorno andò distrutto il suo amoretto immaginario per la bella fanciulla borghese. I suoi compagni la corteggiavano con mille piccole cavallerie, e lui ben vedeva che ella li trattava tutti con la stessa fredda cortesia e con una civetteria un po' canzonatoria. Ma una volta prese coraggio e, senza arrossire né balbettare troppo, ma pur sempre con un certo batticuore, la invitò a pattinare con lui. Ella pose la sua piccola mano sinistra, coperta da un morbido guanto di pelle, nella destra di lui arrossata dal freddo, pattinò con lui e non nascose il proprio divertimento per i suoi goffi tentativi di conversazione galante. Alla fine si separò con un grazie e un lieve cenno del capo, e subito dopo la sentì ridere con le sue amiche, alcune delle quali sbirciarono maliziosamente verso di lui, così forte e così malignamente come solo sanno fare le ragazze carine e viziate.

Questo fu troppo per lui, e da allora si scrollò di dosso indignato quella infatuazione, peraltro non genuina, e si compiacque di non salutare più quella smorfiosa, come ora la chiamava, né sulla pista del ghiaccio né per la strada.

Cercò di esprimere e possibilmente di accrescere la sua gioia di essersi liberato da quelle umilianti catene di una scipita galanteria, uscendo spesso la sera, in cerca di avventure, con alcuni compagni scapestrati. Prendevano in giro i poliziotti, bussavano alle finestre illuminate dei pianterreni, tiravano i cordoni dei campanelli e bloccavano quelli elettrici con dei fiammiferi di legno, facevano inferocire i cani da guardia legati alla catena e, in remote strade di periferia, spaventavano donne e ragazze con fischi, petardi e piccoli fuochi d'artificio.

Per un certo periodo Karl Bauer si trovò benissimo in queste imprese perpetrate nel buio delle serate invernali, un'allegra baldanza e insieme un'ansia assillante di esperienze lo rendevano ardito e sfrenato e gli procuravano un delizioso batticuore, che non confessava a nessuno e che assaporava come un'ebbrezza. Più tardi, a casa, suonava lungamente il violino oppure leggeva libri avvincenti, e si vedeva come un cavaliere predone tornato da una razzia, che deterge e appende al muro la spada, alla luce tranquilla di una fiaccola resinosa.

Ma quelle spedizioni vespertine andavano sempre a finire con le stesse burle e gli stessi sollazzi, e non accadeva mai nessuna delle vere avventure che egli in segreto aspettava; allora gradualmente perse il gusto di quegli svaghi, e si allontanò via via da quella sfrenata compagnia. E proprio la sera che stava con loro per l'ultima volta, e solo con fiacco entusiasmo, volle fiorire per lui una piccola avventura.

I ragazzi scorrazzavano in quattro nella Brühelgasse, giocando con i bastoncini da passeggio e pensando alle malefatte da compiere. Uno aveva sul naso un occhialetto di latta, e tutti e quattro portavano, con disinvolta frivolezza, i cappelli e i berretti di traverso sulla nuca. Dopo un po' vennero superati da una cameriera che sopraggiungeva frettolosa e passò rapidamente accanto a loro, con al braccio un grande cesto a due manici. Dal cesto pendeva un lungo pezzo di nastro nero, che ora svolazzava comicamente ora toccava terra con l'estremità già sporca.

Quasi senza pensarci, Karl Bauer prese spavaldamente il nastro e lo trattenne. Mentre la giovane domestica proseguiva ignara, il nastro continuava a srotolarsi, e i ragazzi scoppiarono in allegre risate. Allora la ragazza si voltò, rapida come il fulmine si avvicinò ai giovanetti che ridevano, bella, giovane e bionda, diede uno schiaffo a Bauer e, raccolto in fretta il nastro perduto, si allontanò rapida.

Adesso le canzonature presero di mira il malmenato, ma Karl era ammutolito e al prossimo angolo prese brevemente congedo dalla compagnia. Al suo cuore stava succedendo qualcosa di strano. La ragazza di cui aveva visto il volto solo per un attimo nella semioscurità della strada, gli era parsa molto bella e amabile, e lo schiaffo ricevuto dalla sua mano, per quanta vergogna ne provasse, gli aveva fatto più bene che male. Ma se pensava che aveva giocato a quella creatura uno sciocco tiro infantile, e che essa doveva essere adirata con lui e considerarlo uno stupido buffone, bruciava di rimpianto e di vergogna.

Tornò a casa lentamente, e stavolta sulla ripida scala non fischiò nessuna canzone, ma salì muto e depresso in camera sua. Sedette per mezz'ora nella stanzetta fredda e buia, con la fronte appoggiata ai vetri della finestra. Poi prese il violino e suonò le vecchie e dolci canzoni della sua infanzia, tra le quali alcune che da quattro o cinque anni non cantava né eseguiva più. Pensava alla sorella e al giardino di casa, al castagno e ai rossi rubigli in fiore sulla veranda, e a sua madre. E quando, stanco e turbato, si coricò ma non poté addormentarsi subito, accadde all'arrogante avventuriero, eroe delle strade, di mettersi a piangere sommessamente e dolcemente, e di continuare a piangere piano finché non prese sonno.

Presso i compagni delle sue spedizioni serali, Karl acquistò fama di vile e disertore, perché non partecipò più alle loro scorrerie. Invece leggeva il Don Carlos, le poesie di Emanuel Geibel e la Hallig di Biernatzki, cominciò a tenere un diario e profittò solo rare volte della soccorrevolezza della buona Babett.

Questa ebbe l'impressione che nel ragazzo qualcosa non andasse, e dal momento che si era assunta la cura di lui, un giorno si presentò alla porta della sua stanza, per vedere se tutto era a posto. Non venne a mani vuote, ma portò un bel pezzo di salame di Lione e insistette perché Karl lo mangiasse seduta stante, sotto i suoi occhi.

«Ah, lascia stare, Babett», le disse, «adesso non ho fame.»

Lei però era d'opinione che i giovani dovessero esser pronti a mangiare a qualsiasi ora, e non la smise sinché egli non ebbe obbedito ai suoi voleri. Una volta aveva sentito dire che i ragazzi del liceo venivano sovraccaricati di lavoro, e non sapeva quanto lontano il suo pupillo si tenesse dal sovraffaticarsi per lo studio. Nella vistosa diminuzione del suo appetito vedeva il manifestarsi di una malattia, gli fece seriamente la morale, s'informò dettagliatamente della sua salute e alla fine gli propose un popolare lassativo di provata efficacia. A questo punto Karl fu costretto a ridere, e le disse di essere in perfetta salute, e che il suo scarso appetito dipendeva soltanto da qualche capriccio o malumore. Lei capì subito.

«Nemmeno fischiare ti si sente quasi più», disse vivacemente, «eppure non ti è morto nessuno. Di', non sarai mica innamorato?»

Karl non poté impedirsi di arrossire un po', ma respinse indignato quel sospetto e affermò che non gli mancava se non un po' di distrazione, che si annoiava.

«Allora so io qualcosa», gridò Babett allegramente. «Domani si sposa la piccola Lies dell'Angolo di Sotto. È stata fidanzata parecchio a lungo, con un operaio. Veramente avrebbe potuto scegliere un partito migliore, dovrei dire, ma l'uomo non è male, e il denaro da solo non fa la felicità. E tu devi venire al matrimonio, la Lies ti conosce già, e tutti saranno contenti se vieni e fai vedere che non ti dai delle arie. L'Anna dell'Albero Verde e Gret dell'Angolo del Vescovo ci saranno anche loro, e ci vado anch'io, ma al matrimonio non ci sarà molta gente. E chi potrebbe pagare? È un matrimonio tranquillo, a casa, senza grandi pranzi né balli e cose del genere. Si può star bene anche senza.»

«Ma non sono stato invitato», replicò Karl titubante, perché la cosa non lo attirava poi tanto. Ma Babett si mise a ridere.

«Macché, ci penserò io, e poi sarà questione soltanto di un'ora o due la sera. E adesso mi viene in mente il meglio! Porterai il tuo violino. — E perché no? Ah, che scuse sciocche! Tu lo porti, eccome, sarà un divertimento e ti ringrazieranno anche.»

Non passò molto, e il signorino accettò.

Il giorno dopo Babett passò a prenderlo verso sera; aveva addosso un pomposo e ben conservato vestito dei suoi giovani anni, che la strizzava e la accaldava, ed era tutta rossa ed eccitata per la gioia della festa. Ma non ammise che Karl si cambiasse, avrebbe messo solo un colletto pulito, e gli stivaletti glieli spazzolò direttamente ai piedi, nonostante il vestito delle feste. Poi si avviarono assieme alla povera casa di periferia dove la giovane coppia aveva preso in affitto una stanza con cucina e ripostiglio. E Karl portò il violino.

Camminavano lentamente e con prudenza, perché dal giorno prima era cominciato il disgelo, e volevano arrivare con le scarpe pulite. Babett serrava sotto il braccio un ombrello straordinariamente grande e massiccio e teneva sollevata con le due mani la sua gonna rossobruna, con scarsa gioia di Karl, che si vergognava un po' a farsi vedere con lei.

Nel modestissimo soggiorno intonacato di bianco dei due sposi novelli sedevano attorno al tavolo di abete, apparecchiato pulitamente, sette od otto persone, oltre alla coppia due colleghi dello sposo e qualche comare o amica della giovane sposa. Come pranzo di festa c'era stato arrosto di maiale con insalata, ed ora sul tavolo c'era un dolce e lì accanto, per terra, due grosse brocche di birra. Quando Babett e Karl entrarono, tutti si alzarono in piedi, il padrone di casa fece due timidi inchini e la moglie, più spigliata nel parlare, s'incaricò dei saluti e delle presentazioni, e ciascuno degli ospiti diede la mano ai due nuovi arrivati.

«Prendete del dolce», disse la padrona di casa. E il marito pose loro davanti in silenzio due bicchieri e versò la birra.

Poiché la lampada non era ancora stata accesa, durante i saluti Karl non aveva riconosciuto che la Gret dell'Angolo del Vescovo. A un cenno di Babett pose in mano alla padrona di casa una moneta avvolta nella carta, che gli era stata data in precedenza a quello scopo, e aggiunse qualche parola di augurio. Poi gli diedero una sedia, e lui sedette davanti al suo bicchiere di birra.

In quell'istante vide accanto a sé, con improvviso spavento, il volto della giovane domestica che poco tempo prima gli aveva dato uno schiaffo nella Brühelgasse. Essa tuttavia sembrava non riconoscerlo, o almeno lo guardava in faccia senza dar segno di turbamento e quando, su proposta del padron di casa, tutti brindarono, gli tese amichevolmente il suo bicchiere. Un po' tranquillizzato Karl osò guardarla apertamente. Negli ultimi tempi aveva pensato abbastanza a lungo, ogni giorno, a quel volto che allora aveva visto solo per un istante e poi non più, e adesso si stupiva di quanto diversa essa apparisse. Era più soave e delicata, anche un po' più snella e leggera dell'immagine che aveva conservato di lei. Ma non era meno graziosa, anzi assai più leggiadra, e gli sembrava che fosse appena più anziana di lui.

Mentre gli altri, soprattutto Babett e Anna, chiacchieravano vivacemente, Karl non sapeva che dire e sedeva in silenzio, girando tra le mani il bicchiere di birra e non distogliendo lo sguardo dalla giovane biondina. Se pensava a quante volte aveva desiderato baciare quella bocca, quasi si spaventava, perché più la guardava, più la cosa gli pareva difficile e temeraria, addirittura impossibile.

Si fece mogio mogio e restò un pezzo a sedere muto e infelice. Ma Babett lo invitò a prendere il violino e a suonare qualcosa. Il giovane resistette un poco e si fece un po' pregare, poi prese lo strumento dall'astuccio, pizzicò le corde, le accordò e suonò una canzone in voga, che tutti subito cominciarono a cantare, benché fosse intonata troppo alta.

Così il ghiaccio era rotto, e attorno al tavolo nacque una chiassosa allegria. Venne tirata fuori, riempita d'olio e accesa una piccola lampada a stelo nuova di zecca, e quando Karl Bauer intonò una delle poche danze che conosceva, subito si formarono tre coppie e piroettarono ridendo nella stanza troppo angusta.

Verso le nove gli ospiti se ne andarono. La bionda per un tratto faceva la stessa strada di Karl e Babett, e lì per strada egli azzardò un colloquio con la ragazza.

«Dov'è a servizio?», chiese timidamente.

«Dal mercante Golderer, all'angolo della Salzgasse.»

«Ah, davvero?»

«Sì.»

«Certo. Già...»

Ci fu una pausa lunghetta, ma egli rischiò, e ricominciò.

«È qui da molto?»

«Da sei mesi.»

«Mi sembra di averla già vista.»

«A me, no.»

«Forse una volta, di sera, nella Brühelgasse?»

«Non ne so niente. Santo Cielo, non si può mica squadrare tutta la gente che passa per strada.»

Trasse felice un respiro di sollievo, perché essa non aveva riconosciuto in lui il malfattore di quella volta; altrimenti aveva già deciso che le avrebbe chiesto scusa.

Poi essa giunse all'angolo della sua strada e si fermò per salutare. Diede la mano a Babett, e a Karl disse: «Allora addio, signor studente. E molte grazie!».

«Di che cosa?»

«Della musica, così bella. Allora, buonanotte a tutti e due.»

Nel momento in cui lei si girava, Karl le porse la mano, ed essa vi pose per un attimo la sua. Poi se ne andò.

Quando, più tardi, in fondo alle scale, diede la buonanotte a Babett, questa chiese: «Allora, è stato bello o no?».

«Bello, stupendo, davvero», disse felice, e fu contento che fosse buio, perché si sentiva salire in viso una calda ondata di sangue.

I giorni si allungavano. Il tempo si faceva via via più mite e sereno, e anche nei fossi e nei cortili più nascosti lo strato di ghiaccio si scioglieva, e nei chiari pomeriggi aleggiava per l'aria un sentore di primavera.

Anche Babett inaugurò nuovamente la sua corte serale, e quando il tempo lo consentiva, sedeva davanti alla porta carraia della cantina, chiacchierando con le sue amiche e le sue protette. Ma Karl si teneva lontano, e girava avvolto nella nube di sogno del suo amore. Aveva lasciato morire il vivaio nella sua stanza, non intagliava né faceva più lavori di falegnameria. In compenso si era procurato dei manubri di dimensioni e peso spropositati con i quali, dato che il violino non era più di nessun aiuto, si esercitava sino allo stremo.

Aveva incontrato tre o quattro volte per strada la giovane domestica biondochiara, e ogni volta l'aveva trovata più amabile e bella. Ma non aveva più parlato con lei, né vedeva alcuna possibilità di farlo.

Ma una domenica pomeriggio, la prima domenica di marzo, accadde che nell'uscir di casa sentisse lì vicino nel cortiletto le voci delle ragazze e che, destatasi all'improvviso la sua curiosità, si avvicinasse alla porta socchiusa, per spiare attraverso la fessura. Vide lì sedute Gret e l'allegra Margret del fioraio, e dietro di loro una testa biondochiara, che proprio in quell'istante si sollevò un poco. E Karl riconobbe la sua fanciulla, la bionda Tine, e per la gioia e lo sgomento dovette tirar il fiato e raccogliere le forze, prima di aprire la porta e di unirsi alla compagnia.

«Pensavamo già che il signore si fosse fatto troppo superbo», gridò Margret ridendo, e per prima gli porse la mano. Babett lo minacciò col dito, ma subito gli fece posto e gli ordinò di sedere. Poi le donne continuarono i loro discorsi. Non appena poté, Karl lasciò il suo posto e dopo aver girellato un poco si fermò accanto a Tine.

«Allora, anche lei è qui?», chiese sottovoce.

«Sissignore, e perché no? Ho sempre creduto che lei una volta ci venisse. Ma certo dovrà studiare di continuo.»

«Oh, quanto allo studio non è poi così terribile, si può venirne a capo. Se soltanto avessi saputo che lei era qui, di sicuro ci sarei venuto sempre.»

«Ah, la smetta con questi complimenti!»

«Invece è vero, assolutamente. Sa, quella volta al matrimonio è stato così bello!»

«Sì, era simpatico.»

«Perché c'era lei, solo per questo.»

«Non dica queste cose, lei mi sta prendendo in giro.»

«No, no. Non sia arrabbiata con me.»

«Perché dovrei essere arrabbiata?»

«Avevo già paura che dopo tutto non l'avrei più rivista.»

«Davvero? E poi?»

«Poi... poi non so proprio quel che avrei fatto. Forse mi sarei buttato nel fiume.»

«Ohibò, sarebbe stato un peccato per la sua pelle, si sarebbe potuto bagnare.»

«Già, per lei sarebbe stata solo una cosa da ridere.»

«Questo no. Ma lei dice delle cose, che a uno potrebbe girare la testa. Stia attento, sennò una volta o l'altra le credo.»

«Può farlo, sto dicendo la verità.»

A questo punto la sua voce fu coperta da quella aspra di Gret. Raccontava in tono acuto e lamentoso una lunga storia spaventosa di certi padroni malvagi che avevano trattato e nutrito una domestica in modo indegno, e poi, quando questa si era ammalata, l'avevano licenziata senza dire né a né ba. E appena ebbe finito di raccontare, si levò rumoroso e irruente il coro delle altre, sinché Babett non le riportò alla calma. Nella foga della discussione la vicina di Tine le aveva messo un braccio intorno alla vita, e Karl Bauer capì che per quel giorno doveva rinunciare a continuare il colloquio.

Non fece più alcun tentativo di avvicinarsi, ma restò in attesa sinché dopo circa due ore Margret diede il segnale di andar via. Cominciava a imbrunire e faceva freddo. Egli salutò brevemente e scappò in fretta.

Un quarto d'ora dopo, quando Tine, giunta vicino a casa sua, ebbe salutato l'ultima compagna e percorreva l'ultimo tratto di strada da sola, da dietro un acero sbucò improvvisamente lo studente di liceo e la salutò con timida gentilezza. Lei si spaventò e lo guardò quasi con ira.

«Che cosa vuole, lei?»

Ma si accorse che il ragazzo era pallido e impaurito, e addolcì notevolmente lo sguardo e la voce.

«Allora, che le succede?»

Egli balbettò parecchio, e non riusciva a tirar fuori gran che di comprensibile. Però lei capì quel che voleva dire, e capì anche che faceva sul serio, e non appena vide quel giovane così indifeso nelle sue mani, sentì pena per lui, senza che però diminuisse l'orgoglio e la gioia di quel trionfo.

«Non faccia sciocchezze», disse con bontà. E quando percepì nella voce di lui delle lacrime soffocate, aggiunse: «Parleremo un'altra volta, adesso debbo andare a casa. Non si agiti così, d'accordo? Dunque, arrivederci».

Scappò via con un cenno del capo, ed egli si allontanò lentamente, lentamente, mentre il crepuscolo avanzava e trapassava nell'oscurità della notte. Camminò per strade e piazze, lungo case, muri, giardini e fontane dal dolce chioccolio, per i campi fuori della città e di nuovo in città, sotto l'arco del municipio e sulla piazza del mercato, ma tutto era diverso, trasformato in un ignoto paese di fiaba. Amava una ragazza e glielo aveva detto, e lei era stata buona con lui e gli aveva detto arrivederci!

A lungo camminò senza meta, e poiché gli venne freddo ficcò le mani nelle tasche dei pantaloni, e quando, voltando nella sua strada, alzò gli occhi e riconobbe il posto e si svegliò dal suo sogno, incurante dell'ora tarda cominciò a fischiare forte e acutamente. L'eco risuonò nella strada notturna, e si spense soltanto nel gelido androne della vedova Kusterer.

Tine pensò molto a come poteva finire quella faccenda, comunque più del suo innamorato, che nella febbre dell'attesa e nella dolce emozione non riusciva a riflettere. Quanto più considerava e rimuginava sull'accaduto, tanto meno la fanciulla trovava che ci fosse da biasimare quel bel ragazzo; inoltre per lei era una sensazione nuova e squisita sapere che un giovinetto così fine e istruito, e per di più incorrotto, era innamorato di lei. Tuttavia nemmeno per un istante pensò a una relazione amorosa, che poteva procurarle solo difficoltà e guai, e che comunque non sarebbe mai approdata a niente di concreto.

Però le ripugnava anche ferire quel povero fanciullo con una risposta dura, o non rispondergli affatto. Più di tutto le sarebbe piaciuto rimproverarlo un po' come una madre, un po' come una sorella, con scherzosa bontà. A quell'età le ragazze sono più mature e sicure di sé dei maschi, e una domestica che si guadagna il pane, quanto a saggezza di vita è molto superiore a qualunque scolaro o studentello, soprattutto se questo è innamorato e si affida a lei, incapace di una volontà propria.

I pensieri e le decisioni dell'angustiata fanciulla restarono incerti per due giorni. Ogni volta che giungeva alla conclusione che un rifiuto netto e severo sarebbe stata la cosa giusta da farsi, il suo cuore si ribellava, quel cuore che non amava il ragazzo, ma che pur restandogli chiuso sentiva per lui un'affettuosa pietà.

E alla fine fece come fanno quasi tutti in situazioni del genere: soppesò e raffrontò le due decisioni tanto a lungo, che queste per così dire persero nerbo e finirono per ripresentare gli stessi dubbi e le stesse incertezze del primo istante. E quando fu il momento di agire, essa non fece né disse nulla di quel che aveva pensato e deciso prima, ma si affidò totalmente all'istante, esattamente come Karl Bauer.

Lo incontrò tre sere dopo, quando fu mandata piuttosto tardi a fare una commissione vicino a casa. Lui la salutò umilmente, e sembrava piuttosto abbattuto. I due giovani ora stavano uno di fronte all'altra e non sapevano cosa dirsi. Tine aveva paura che la vedessero, ed entrò svelta in un portone aperto e buio, dove Karl la seguì timoroso. Lì accanto dei cavalli scalpitavano in una stalla, e in un cortile o in un giardino non lontano un dilettante inesperto provava i primi semplici diteggiamenti su un flauto di ottone.

«Ma come suona quello lì!», sussurrò Tine, ridendo in modo forzato.

«Tine!»

«Sì, che c'è?»

«Ah, Tine...»

Il ragazzo spaurito non sapeva quale sentenza lo attendeva, ma gli sembrava che la bionda non fosse troppo arrabbiata con lui.

«Sei così cara», disse sommessamente, e subito si spaventò per averle dato del tu senza chiedergliene il permesso.

Essa esitò qualche istante prima di rispondergli. Allora lui, che si sentiva la testa vuota e confusa, le prese la mano, e lo fece con tanta timidezza, e teneva quella mano senza stringerla, così supplichevolmente e con tanta angoscia, che non le fu possibile sgridarlo come meritava. Invece sorrise, e con la mano libera carezzò piano i capelli del povero innamorato.

«Non sei arrabbiata con me?», chiese lui, confuso e beato.

«No, ragazzo, piccolino », rise ora amichevolmente Tine. «Ma adesso debbo andare, mi aspettano. Devo comprare del salame.»

«Posso venire con te?»

«No, cosa ti salta in testa! Esci tu per primo e vai a casa, che nessuno ci veda insieme.»

«Allora buonanotte, Tine.»

«Sì, vai via ora! Buonanotte.»

Avrebbe avuto ancora parecchie cose da domandare e da implorare, ma adesso non ci pensava più e se ne andò via felice, con passo leggero e tranquillo, come se quella strada selciata fosse un soffice prato, e con lo sguardo cieco e introverso di chi venga da un paese di luce abbagliante. Non aveva quasi parlato con lei, ma le aveva dato del tu, ed essa a lui, le aveva tenuto la mano e lei con la sua gli aveva carezzato i capelli. Gli sembrava più che sufficiente, e ancora molti anni dopo, ogni volta che ripensava a quella sera, sentiva una felicità e una bontà riconoscente colmargli l'anima come raggi di luce.

Tine però, ripensando all'accaduto, non riusciva più a capire come si fossero svolte le cose. Ma ben sentiva che Karl quella sera aveva provato la felicità e gliene era grato; non dimenticava l'infantile imbarazzo di lui, né in fondo trovava che quel che era successo fosse un così gran male. Tuttavia la saggia ragazza sapeva che da quel momento aveva la responsabilità di quel suo adoratore, e si ripromise di ricondurlo alla ragione con tutta la fermezza e la dolcezza possibili, mediante quel filo che ormai li legava. Che infatti il primo amore, per quanto sacro e prezioso, sia però soltanto un pretesto e un giro vizioso, questo lo aveva imparato dolorosamente a sue spese non molto tempo prima. Sperava soltanto di poter aiutare il ragazzo a superare la cosa senza fargli inutilmente male.

Il prossimo incontro avvenne di domenica da Babett. Tine salutò gentilmente il ragazzo, una o due volte gli fece sorridendo dei cenni dal suo posto, lo coinvolse spesso nella conversazione e per il resto il suo rapporto con lui sembrava quello di prima. Per lui, invece, ogni suo sorriso era un dono di valore inestimabile, e ogni sguardo una fiamma che lo avvolgeva del suo splendido ardore.

Qualche giorno dopo Tine si decise finalmente a parlar chiaro al ragazzo. Era un pomeriggio dopo la scuola, e Karl era di nuovo appostato nei pressi di casa sua, cosa che non le piacque. Attraverso il piccolo giardino lo condusse in un ripostiglio per la legna dietro la casa, che odorava di segatura e di legno di faggio. Qui gli diede una strapazzata, proibendogli innanzitutto di seguirla e di farle le poste, e gli chiarì quel che si conveniva a un giovane innamorato com'era lui.

«Mi vedrai ogni volta da Babett, e di lì potrai sempre accompagnarmi, se vorrai, ma sin dove verranno anche le altre, non per tutta la strada. Non puoi venir da solo con me, e se davanti alle altre non stai attento e non ti controlli, saranno guai. La gente ha gli occhi dappertutto, e dove vede fumo grida subito al fuoco.»

«Sì, ma se sono il tuo amore...»

«Il mio amore! Eccone un'altra! Questo vallo a dire a Babett, a tuo padre o magari al tuo insegnante! Io ti voglio bene e non voglio farti un torto, ma prima di poter diventare il mio amore dovresti esser padrone di te e guadagnarti il pane, e ancora ce ne vuole, del tempo! Per ora sei soltanto uno scolaretto innamorato, e se non avessi simpatia per te, non vorrei parlartene più. Ma non per questo devi avvilirti, non serve a nulla!»

«Allora cosa debbo fare? Non mi vuoi bene?»

«Piccolo mio! Il discorso non è questo. Devi solo essere ragionevole, e non chiedere cose che alla tua età non si possono avere. Saremo buoni amici e aspetteremo, col tempo si sistemerà tutto.»

«Credi? Ma senti, ti volevo dire una cosa...»

«E cosa?»

«Già, vedi... cioè...»
«Dilla dunque!»
«...se tu una volta volessi darmi un bacio.»
Essa guardò il suo viso pieno di rossore che la interrogava timidamente, e la sua graziosa bocca infantile, e per un attimo le parve addirittura ammissibile accontentarlo. Ma subito si rimproverò e scosse severamente la testa bionda.
«Un bacio? E per che cosa?»
«Così. Non arrabbiarti.»
«Non mi arrabbio. Ma tu non devi essere sfacciato. Ne riparleremo un'altra volta. Mi conosci appena, e vuoi subito baciarmi! Con certe cose non si scherza. Dunque fa' il bravo, ti rivedrò domenica, e potresti portare anche il violino, non è vero?»
«Sì, volentieri.»
Lo lasciò andare, e lo osservò allontanarsi pensoso e un po' scontento. E trovò che era un tipo a posto, al quale non doveva far troppo male.
Gli ammonimenti di Tine erano stati per Karl una pillola amara, tuttavia obbedì e non ci si trovò male. Veramente dell'amore aveva avuto un concetto diverso, e all'inizio fu parecchio deluso, ma presto scoprì l'antica verità che dare è più bello che ricevere, e che amare rende più felici che essere amati. Non esser costretto a nascondere il proprio amore e a vergognarsene, bensì vederlo riconosciuto, anche se per il momento non premiato, gli dava un senso di piacere e di libertà e lo innalzava dal cerchio angusto della sua insignificante esistenza di prima nel mondo superiore dei grandi sentimenti e dei grandi ideali.
Agli incontri con le ragazze ora suonava sempre qualche pezzo.
«È solo per te, Tine», diceva dopo, «perché altrimenti non posso far nulla per te né darti nulla.»

La primavera si avvicinava e d'improvviso fu là, con gli aster gialli sul tenero verde dei prati, l'azzurro intenso del föhn sui lontani monti boscosi, sottili velami di giovani foglie sui rami, e il ritorno degli uccelli migratori. Su portafiori dipinti di verde le massaie mettevano alle finestre i vasi di giacinti e di gerani. Dopo pranzo gli uomini facevano la digestione in maniche di camicia sotto il portone di casa e la sera potevano giocare a bocce all'aria aperta. I giovani diventavano irrequieti, sognatori e s'innamoravano.
Una domenica, sorta azzurra e ridente sulla valle fluviale già ammantata di verde, Tine andò a fare una passeggiata con un'amica. Volevano recarsi alla Emanuelsburg, una rovina in mezzo al bosco, distante un'ora di cammino. Ma quando, appena fuori città, passarono accanto all'allegro giardino di una locanda, dove suonavano e su un campo erboso circolare ballavano un valzer strisciato, per la verità oltrepassarono quella tentazione, ma a passo lento ed esitando, e quando la strada descrisse una curva e lì a quella curva udirono ancora sollevarsi dolcemente l'onda già più lontana di quella musica, camminarono un po' più lentamente e poi non camminarono più, ma appoggiate alla recin-

zione dei prati al margine della strada restarono ad ascoltare, e quando dopo un po' ebbero recuperato le forze per camminare, quella musica allegra e nostalgica fu più forte di loro e le trascinò indietro.

«La vecchia Emanuelsburg non ci scapperà mica», disse l'amica, e così tutte e due si consolarono, ed entrarono rosse e con gli occhi bassi nel giardino, dove attraverso un intrico di rami e di gemme brune e resinose dei castagni si vedeva il cielo ridere ancora più azzurro. Fu uno splendido pomeriggio, e quando Tine verso sera tornò in città, non lo fece da sola, ma gentilmente accompagnata da un bell'uomo aitante.

E stavolta la leggiadra Tine aveva trovato la persona giusta. Era un garzone carpentiere, al quale non occorreva attender molto né per diventare mastro né per sposarsi. Parlava del suo amore per cenni e balbettando, e chiaramente e scioltamente della sua situazione e delle sue speranze. Venne fuori che prima di conoscerla aveva visto Tine qualche volta e l'aveva trovata desiderabile, e che per lui non era questione soltanto di un fuggevole svago amoroso. Per una settimana lo vide tutti i giorni, e tutti i giorni gli si affezionava di più, intanto si dicevano tutto il necessario, e poi si misero d'accordo e, tra di loro e tra i loro conoscenti, vennero ritenuti fidanzati. Alla prima sognante emozione seguì in Tine una felicità tranquilla, quasi solenne, a causa della quale per un po' dimenticò tutto, anche il povero scolaro Karl Bauer, che per tutto quel tempo la aspettò invano.

Quando le tornò alla mente il ragazzo trascurato, le fece così pena che in un primo momento pensò di tenergli nascosta ancora un poco la novità. Ma poi questo non le sembrò né buono né ammissibile, e quanto più pensava alla faccenda, tanto più le sembrava difficile. L'angosciava l'idea di parlar subito in tutta sincerità a chi era all'oscuro di tutto, pur sapendo che era questa l'unica via che portasse al bene; e soltanto ora si accorse di quanto pericoloso era stato, benché condotto con buone intenzioni, quel suo gioco col giovinetto. Comunque bisognava far qualcosa, prima che il ragazzo sapesse da altri di quel suo nuovo rapporto. Non voleva che pensasse male di lei. Sentiva, senza rendersene conto chiaramente, di aver donato al ragazzo una pregustazione e un presentimento dell'amore, e che la consapevolezza dell'inganno avrebbe potuto danneggiarlo e avvelenargli quell'esperienza. Non aveva mai pensato che quella storia da ragazzi le avrebbe dato tante preoccupazioni.

Alla fine, nella sua perplessità si rivolse a Babett, che peraltro nelle questioni amorose non poteva essere un giudice troppo competente. Ma sapeva che Babett era affezionata al suo studente di liceo e si occupava della sua salute, sicché preferì sopportare un suo rabbuffo che sapere il suo giovane innamorato abbandonato a se stesso senza protezione.

Il rabbuffo non si fece attendere. Babett, dopo aver ascoltato in silenzio e con attenzione il racconto della ragazza, batté i piedi incollerita e aggredì la penitente con sacrosanta indignazione.

«Non dir tante belle parole. Tu semplicemente l'hai preso per il naso e ti sei scelleratamente fatta gioco di lui, il Bauer, e nient'altro.»

«Sgridare non serve a nulla, Babett. Sai, se si fosse trattato solo di un gioco, adesso non sarei qui da te e non ti avrei confessato tutto. Per me non è stato tanto facile.»

«Ah, no? E adesso, cos'hai in mente? E adesso chi la paga? Io, forse? E ricadrà tutto sulle spalle di quel ragazzo, poverino.»

«Sì, mi fa molta pena. Ma ascolta. Voglio dire, adesso io parlo con lui e gli racconto tutto io stessa, non voglio tirarmi indietro. Volevo soltanto che tu fossi al corrente, perché dopo gli tenessi gli occhi addosso, in caso che gli faccia troppo male. — Allora, se vuoi...»

«Posso far diversamente? Sciocca ragazza, forse questo t'insegnerà qualcosa. Riguardo alla vanità e voler giocare al padreterno, voglio dire. Non ti farebbe male.»

Risultato di questo colloquio fu che l'anziana cameriera quel giorno stesso organizzò un incontro fra i due in cortile, senza che Karl subodorasse la sua complicità. Si faceva sera, e il pezzetto di cielo sopra il piccolo cortile ardeva di un debole fuoco dorato. Ma nell'angolo della porta era buio, e nessuno poteva vedere i due giovani.

«Ecco, ti debbo dire una cosa, Karl», cominciò la ragazza. «Oggi dobbiamo dirci addio. Tutto ha una fine.»

«Ma che cosa... perché...»

«Perché adesso ho un fidanzato.»

«Un...»

«Sta' calmo, e prima ascoltami. Vedi, mi hai voluto bene, e io non volevo mandarti via così senza spiegazioni. Però te l'avevo detto subito, tu lo sai, che non per questo dovevi sentirti il mio amore, non è vero?»

Karl taceva.

«Non è vero?»

«Sì.»

«E adesso dobbiamo chiudere, e tu non devi prenderla male, le strade son piene di ragazze, e io non sono l'unica e neppure quella giusta per te, che studi e più tardi sarai un signore e forse un dottore.»

«No, Tine, non dir così!»

«È così e basta. E questo ancora voglio dirti, che la prima volta che ci si innamora non è mai quella giusta. Così giovani non si sa per niente quel che si vuole. Non ne viene mai fuori nulla, e più tardi si vede tutto diverso e ci si accorge che quella non era la volta buona.»

Karl voleva rispondere, aveva molte cose da obiettare, ma per il dolore non riusciva a pronunciar parola.

«Volevi dir qualcosa?», domandò Tine.

«Tu, tu non sai...»

«Che cosa, Karl?»

«Ah, niente. Tine, adesso che farò?»

«Nulla, solo star calmo. Non durerà a lungo, e dopo sarai contento che le cose siano andate così.»

«Hai un bel dire tu, hai un bel dire...»

«Dico solo quel che è giusto, e vedrai che ho ragione, anche se adesso non vuoi credermi. Mi dispiace, sai, mi dispiace veramente tanto.»

«Ti dispiace? — Tine, io non voglio dir niente, avrai anche ragione... ma che tutto finisca così d'un tratto, tutto...»

Non proseguì, e lei pose la mano sulla sua spalla che sussultava, e attese in silenzio che il pianto cessasse.

«Ascoltami», disse poi con fermezza. «Adesso devi promettermi che sarai buono e giudizioso.»

«Non voglio esser giudizioso! Morto vorrei essere, meglio morto che così...»

«Karl, non prendertela a questo modo! Senti, una volta volevi un bacio da me — ti ricordi?»

«Mi ricordo.»

«Bene. Adesso, se vorrai fare il bravo — vedi, non voglio che dopo tu pensi male di me; vorrei tanto che ci lasciassimo d'amore e d'accordo. Se vorrai fare il bravo, oggi ti darò quel bacio. Vuoi?»

Egli annuì e la guardò confuso. E lei gli si fece vicina e gli diede il bacio, e questo fu calmo e contenuto, dato e ricevuto con purezza. Essa gli prese la mano e la strinse lievemente, e poi rapida dalla porta passò nell'androne e andò via.

Karl Bauer udì l'eco dei suoi passi risuonare e poi spegnersi nel corridoio; la udì lasciare la casa ed entrare in strada scendendo i gradini d'ingresso. Udiva, ma pensava ad altre cose.

Pensava a una sera d'inverno in cui per strada una giovane ragazza bionda gli aveva dato uno schiaffo, e pensava a una sera di inizio primavera, quando nell'ombra di un portone una mano di fanciulla gli aveva accarezzato i capelli, e il mondo era tutto una magia, e le strade della città erano spazi sconosciuti, radiosamente belli. Gli tornarono in mente melodie suonate tempo prima sul violino, e quella festa di matrimonio in periferia con dolce e birra. Birra e dolce, si trovò a pensare, erano un accostamento ridicolo, ma non poté pensarci oltre, poiché aveva perduto il suo amore, ed era stato ingannato e abbandonato. Però lei gli aveva dato un bacio — un bacio... Oh, Tine!

Si sedette stancamente su una delle molte casse vuote sparse qua e là per il cortile. Il quadratino di cielo sopra di lui diventò rosso e poi giallo, poi si spense e restò a lungo morto e scuro, e dopo qualche ora, quando venne il chiarore della luna, Karl Bauer era sempre seduto sulla sua cassetta, e la sua ombra accorciata si stendeva davanti a lui nera e deformata sul selciato irregolare.

Erano state soltanto occhiate fuggevoli e frammentarie, quelle che il giovane Bauer aveva gettato nel paese dell'amore, ma bastavano a fargli apparire triste e meschina una vita priva del conforto dell'amore femminile. Così egli viveva ora giorni vuoti e malinconici, estraneo ai fatti e ai doveri della vita quotidiana, come chi non ne faccia più parte. L'insegnante di greco distribuiva a piene mani inutili ammonizioni al distratto sognatore; neanche i buoni bocconi della fedele Babett gli giovavano, e le esortazioni a fin di bene di lei gli scivolavano addosso senza alcun effetto.

Ci vollero un'ammonizione straordinaria, durissima, del rettore e un umiliante fermo di punizione per riportare quello sviato sui binari del lavoro e della ragione. Si rese conto che sarebbe stato stupido e increscioso farsi bocciare proprio al penultimo anno di scuola, e nelle sere sempre più lunghe della prima estate cominciò a studiare sinché non gli fumava la testa. Questo fu l'inizio della guarigione.

A volte tornava nella Salzgasse, dove abitava Tine, e non capiva perché non riuscisse a incontrarla neanche una volta. Ma questo aveva i suoi buoni motivi. Subito dopo il suo ultimo colloquio con Karl, la ragazza era tornata al paese per preparare il corredo. Egli credeva che fosse ancora in città e che lo evitasse, ma non voleva chiedere di lei a nessuno, neanche a Babett. Dopo quelle inutili uscite tornava a casa imbronciato o triste, a seconda delle giornate, tempestava selvaggiamente sul violino oppure fissava a lungo dalla finestrella i tetti delle case.

Ad ogni modo, le cose continuavano a migliorare, e in questo Babett ebbe la sua parte. Se si accorgeva che il ragazzo aveva una giornata difficile, non di rado la sera saliva da lui e bussava alla sua porta. E poi, pur non volendo fargli sapere che conosceva il motivo del suo dolore, si tratteneva a lungo con lui e gli dava conforto. Non parlava di Tine, ma gli raccontava piccoli aneddoti buffi, gli portava una mezza bottiglia di sidro o di vino, lo pregava di suonarle una canzone o di leggerle una storia. Così la serata trascorreva pacificamente, e quando si era fatto tardi e Babett se ne andava, Karl era più tranquillo e poteva dormire senza brutti sogni. E ogni volta l'anziana cameriera salutando ringraziava per la bella serata.

Lentamente il malato d'amore riacquistò il carattere e l'allegria di sempre, senza sapere che Tine scriveva spesso a Babett per avere sue notizie. Si era fatto un po' più adulto e maturo, a scuola aveva recuperato il tempo perduto, e conduceva su per giù la vita dell'anno prima, soltanto la collezione di lucertole e l'allevamento di uccelli non li aveva più ripresi. Dai discorsi dei compagni dell'ultima classe che stavano facendo l'esame di licenza, giunsero al suo orecchio frasi allettanti sulle meraviglie accademiche; si sentiva felicemente un po' più vicino a quel paradiso, e poi cominciò ad aspettare con gioiosa impazienza le vacanze estive. Soltanto allora apprese da Babett che Tine aveva lasciato la città già da parecchio, e anche se la ferita ancora pizzicava e bruciava un po', era tuttavia già guarita e prossima a cicatrizzarsi.

Anche se non fosse accaduto altro, Karl avrebbe conservato un grato e buon ricordo del suo primo amore e certo non l'avrebbe dimenticato mai. Ma sopraggiunse un piccolo epilogo, che dimenticò ancor meno.

Otto giorni prima delle vacanze, la gioia dell'attesa aveva vinto e scacciato dal suo animo ancora duttile l'eco delle sue pene d'amore. Già cominciava a far le valigie e a bruciare vecchi quaderni di scuola. La prospettiva di passeggiate nel bosco, bagni nel fiume e gite in barca, mirtilli e mele, e di giornate d'ozio libere e allegre lo rendeva felice come non era più da tempo. Girava lieto nel calore delle vie, e a Tine non pensava più da molti giorni.

Tanto più violentemente trasalì quando un pomeriggio, tornando dalla lezione di ginnastica, incontrò improvvisamente Tine nella Salzgasse. Si fermò, le diede la mano imbarazzato e faticosamente le disse «salve». Ma nonostante la propria confusione si accorse presto dell'aspetto triste e turbato di lei.

«Come va, Tine?», chiese timidamente, e non sapeva se darle del tu o del lei.

«Non bene», essa rispose. «Fai un pezzo di strada con me?»

Tornò sui suoi passi camminandole lentamente a fianco, mentre non poteva fare a meno di pensare a come in altri tempi essa si era rifiutata di farsi vedere con lui. Certo, lei adesso è fidanzata, pensò, e tanto per dire qualcosa le chiese notizie sul suo futuro sposo. Allora Tine sussultò così pietosamente che ne provò dolore anche lui.

«Allora non sai niente?», essa chiese piano. «È all'ospedale, e non si sa se sopravviverà. Cos'ha? È caduto da un'impalcatura di un edificio in costruzione, e da ieri non ha ancora ripreso conoscenza.»

Proseguirono in silenzio. Karl cercava invano qualche parola di partecipazione; era come un sogno angoscioso camminarle accanto per strada e dover avere compassione di lei.

«Adesso dove vai?», chiese alla fine, non potendo sopportare oltre quel silenzio.

«Torno da lui. A mezzogiorno mi han mandato via perché non mi sentivo bene.»

L'accompagnò sino al grande, silenzioso ospedale circondato da alti alberi e da prati cintati, e con un lieve brivido salì con lei per l'ampia scala e traverso i nitidi corridoi, la cui aria satura dell'odore dei medicinali lo intimidiva e lo opprimeva.

Poi Tine entrò da sola in una porta numerata. Egli aspettò quieto in corridoio; era la prima volta che si trovava in un edificio del genere, e l'idea dei molti orrori e dei molti dolori nascosti dietro quelle porte verniciate in grigio chiaro imprigionava il suo animo di orrore. Non osò quasi muoversi finché Tine non tornò.

«Sta un po' meglio, dicono, e forse oggi stesso riprende conoscenza. Allora addio, Karl, io resto qui, e ti ringrazio tanto.»

Rientrò silenziosamente e chiuse la porta, sulla quale Karl lesse distrattamente per la centesima volta il numero diciassette. Lasciò il lugubre edificio in una strana agitazione. La sua allegria di prima s'era spenta del tutto, ma quel che sentiva ora non era più il mal d'amore d'un tempo, era compreso e racchiuso in un sentire e conoscere molto più grandi, più vasti. Vide il dolore per la propria rinuncia diventar piccolo e ridicolo in confronto all'infelicità il cui spettacolo lo aveva colto di sorpresa. Improvvisamente comprese anche che il suo piccolo destino non era niente di speciale, nessuna crudele eccezione, ma che anche su coloro che aveva considerato felici il destino governava con forza ineluttabile.

Ma doveva imparare ancor di più, cose migliori e più importanti. Nei giorni seguenti, quando spesso si recava a trovare Tine in ospedale, e poi quando il malato fu in grado di ricever qualche sua visita, visse ancora un'esperienza del tutto nuova.

Imparò che anche il destino implacabile non è l'istanza suprema e definitiva, ma che anime umane deboli, spaurite, piegate possono superarlo e sottometterlo. Ancora non si sapeva se all'infortunato si sarebbe potuto salvar qualcosa di più di una misera, derelitta sopravvivenza da infermo e da paralitico. Ma Karl vide i due poverctti, al di là di questa pena angosciosa, godere della ricchezza del loro amore, vide la fanciulla stanca, divorata dalle preoccupazioni, restare a testa alta e diffondere luce e gioia intorno a sé, e il volto pallido dell'uomo disfatto trasfigurarsi, nonostante le sofferenze, nel lieto splendore di una tenera gratitudine.

E a vacanze già cominciate restò lì ancora per parecchi giorni, sinché Tine stessa non lo costrinse a partire.

Nel corridoio davanti alle stanze dei malati si congedò da lei, in modo diverso e più bello di quella volta nel cortile di Kusterer. Le prese solo la mano e la ringraziò senza parlare, ed essa tra le lacrime gli fece un cenno con la testa. Le augurò ogni bene, e lui stesso non aveva desiderio più bello se non di potere anche lui, un giorno, dare e ricevere un amore così santo come quella povera ragazza e il suo fidanzato.

(1905)

Indice

p. 7 *Nota biobibliografica*

ANIMO INFANTILE E ALTRI RACCONTI

23 Animo infantile

45 Giorni di luglio

72 La prima avventura

76 Il liceale

Tascabili Economici Newton, sezione dei Paperbacks
Pubblicazione settimanale, 24 giugno 1995
Direttore responsabile: G.A. Cibotto
Registrazione del Tribunale di Roma n. 16024 del 27 agosto 1975
Fotocomposizione: GI Grafica Internazionale, Roma
Stampato per conto della Newton Compton editori s.r.l., Roma
presso la Rotolito Lombarda S.p.A., Pioltello (MI)
Distribuzione nazionale per le edicole: A. Pieroni s.r.l.
Viale Vittorio Veneto 28 - 20124 Milano - telefono 02-29000221
telex 332379 PIERON I - telefax 02-6597865
Consulenza diffusionale: Eagle Press s.r.l., Roma